Alles ist Windhauch

VERLAGSGRUPPE PATMOS

PATMOS
ESCHBACH
GRÜNEWALD
THORBECKE
SCHWABEN
VER SACRUM

Die Verlagsgruppe
mit Sinn für das Leben

MIX
Papier aus verantwortungsvollen Quellen
FSC
www.fsc.org
FSC® C014138

Bestandteil dieses Buches ist die Audio-CD »Alles ist Windhauch«.
Sprecher/in: Ulrike Kriener, Georg Weber. Regie: Cornelia Zetzsche.
Downhill Studio, München.

Für die Verlagsgruppe Patmos ist Nachhaltigkeit ein wichtiger Maßstab ihres Handelns. Wir achten daher auf den Einsatz umweltschonender Ressourcen und Materialien.

Verlagsgruppe Patmos in der Schwabenverlag AG, Ostfildern
www.patmos.de

Umschlaggestaltung: Finken & Bumiller, Stuttgart
Umschlagabbildung: Foto © Christian Schoppe, Hamburg,
www.ChristianSchoppe.com
Fotos, 6–7, 24–25, 38–39, 72–73, 103–104, Vorsatz/Nachsatz:
Peter Sickert, München
Gestaltung, Satz und Repro: Schwabenverlag AG, Ostfildern
Druck: Finidr s.r.o., Český Těšín
Hergestellt in der Tschechischen Republik
ISBN 978-3-8436-1121-3

Ulrike Kriener

ALLES IST WINDHAUCH

Ulrike Kriener liest aus der Bibel

Mit Audio-CD, gelesen von Ulrike Kriener
und Musik von Quadro Nuevo

Patmos Verlag

INHALT

ULRIKE KRIENER

Auch am Rand entlang führt ein Weg

Da halte ich nun dieses Buch in Händen und staune.
»Ulrike Kriener liest die Bibel« steht da – dick! – vorn auf dem Cover, und mich beschleicht eine leise Beklommenheit.
Die Bibel! Ausgerechnet ich!?
Wenn mir vor, sagen wir, dreißig Jahren jemand gesagt hätte, dass ich irgendwann mal, auf eigenen Wunsch hin, Bibeltexte lesen würde, ich hätte ihn ausgelacht.
Das war damals alles so weit weg ... Kirche, Religion, Glaube ...
Aus der Kirche war ich ausgetreten, Religion hat mich nicht interessiert und Glaube? *Mein* Glaube? Ich habe einfach nicht darüber nachgedacht. Anderes war wichtiger.

Als Kind, ausgerechnet an Heiligabend im Ruhrgebiet geboren, war die Kirche selbstverständlicher Bestandteil meines Lebens. Das Beten, die sonntägliche Messe, die besonderen Feiertage des Kirchenjahres ...: Alles habe ich mitgemacht und mich dabei wohl gefühlt. Vor allem die Sonntage habe ich geliebt. Morgens das Frühstück mit den Eltern, und dann sind wir gemeinsam, frisch gebadet und schön angezogen!, in die Kirche gegangen. Und die Kirche war voll, man musste pünktlich kommen, um einen guten Platz zu kriegen.
Wichtig war, welcher Pfarrer die Messe gehalten und gepredigt hat. In meiner Familie wollte man Predigten hören, die Feuer hatten und Esprit. Da durfte der Pfarrer auch gern mal laut werden oder schimpfen; alles, nur nicht so einen Langweiler auf der Kanzel, der die Gemeinde mit salbungsvollem Gerede in den Schlaf jammerte! Nach der Messe wurde dann diskutiert, was und wie der Pfarrer gesprochen hatte. Und wenn die Predigt gut war, dann sprachen die Männer vielleicht auch noch beim Früh-

schoppen darüber, zu dem ich mit durfte, während meine Mutter kochte.

Als ich in die Grundschule kam, wurden wir Kinder nach Konfessionen getrennt. Das große Schulgebäude bestand aus zwei Teilen, rechts für die evangelischen Kinder und links für uns Katholiken. Die langen, durchgehenden Flure waren in der Mitte zugemauert.
Absurderweise haben wir Kinder uns auch in den Schulpausen an diese Trennung gehalten. Aber selbstverständlich haben wir am Nachmittag, in unserer Siedlung, wieder miteinander gespielt. Komisch.
Meine Erstkommunion habe ich genossen. Das weiße Kleid, die schwarzen Lackschuhe und die neue Uhr! Ein erster, wichtiger Schritt ins Erwachsenenleben. Wie stolz ich war ... Ganz vorsichtig nahm ich die Hostie in Empfang. Den Leib Jesu zwischen den Zähnen zu haben, war eine heikle Sache, und ich wollte doch nichts falsch machen.
Die Beichte fand ich gut. Es war so beruhigend zu wissen, dass ich, wenn ich um Vergebung bat, sicher sein konnte: Es wird mir verziehen. Etwas kaputt machen, einem Erwachsenen nicht die Wahrheit sagen, eine Freundin verhauen ... alles nicht so doll, aber ich konnte meine Schuld loswerden. Und wenn ich nach der Beichte dann die Kirchentreppen runterhüpfte, fühlte ich mich tatsächlich ein bisschen leichter.

»Was krumm ist, kann man nicht gerade biegen«

Mit dem Eintritt in die Pubertät änderte sich für mich alles. 1968 war ich 14 Jahre alt und fand alles schwierig, eng, spießig und blöd. Die Schule, meine Eltern, die Kirche ... einfach alles. Im Fernsehen sah man Bilder von Demonstrationen, von Polizisten, die junge, langhaarige Menschen verprügelten. Mich wühlte das auf, ich wollte was davon wissen. Aber mit meinen Eltern konnte ich nicht diskutieren.
Mein neu erwachtes Interesse an Jungs wurde von mahnenden Blicken und Vorträgen über die Gefahren ungewollter Schwangerschaften begleitet.
Ich wurde schlecht in der Schule und hatte keine Lust mehr zu lernen, suchte mir neue Freunde. Das führte zu Streit mit den Eltern, und der Streit dehnte sich gleich auf weitere Gebiete aus. Ich wollte nicht so angezogen sein. Parkas, Jeans und Boots wollte ich tragen. Und die Haare waren auch blöd, so kurz. Meine Eltern waren entsetzt und reagierten mit Strenge, Verboten und Hausarrest. Aber ich gab nicht nach und tat das, was ich tun wollte, heimlich, was zu neuen, heftigeren Streitereien führte. Es war eine sehr unglückliche Zeit, in der der Wunsch, anders zu leben, mich nicht mehr losließ.

In dieser Zeit habe ich die Verbindung zur Kirche verloren.

Was sollte ich da? Meine Eltern zwangen mich, am Sonntag in die Messe mitzugehen. Und ich saß da, wütend und verzweifelt. Beten wollte ich nicht. Singen ging schon gar nicht – ich hätte gleich heulen müssen. Die Gemeinschaft der Gläubigen, die mir als Kind so gutgetan hatte, der ich vertraut hatte, kam mit verlogen und unehrlich vor. Ich fühlte mich nicht mehr zugehörig. Das wollte ich auch nicht sein, aber es schmerzte doch.
Wem hätte ich mich mitteilen können? Dem Pfarrer? Sexualität und die Sehnsucht nach Nähe waren vermintes Gebiet und Tabuthema, die Pille Teufelswerk. Die Empfehlung bei Problemen mit den Eltern hieß Gehorsam. Nein, diese Kirchenmänner waren für mich keine Hilfe. Und man spürt als junges Mädchen sehr genau, dass die Lebensferne dieser ehelosen Männer nichts mit dem eigenen Leben zu tun hat. Von nun an weigerte ich mich, zur Beichte zu gehen. Alles Drohen und Bitten half nichts mehr. Ich war nicht mehr bereit, einem alten Mann im dunklen Beichtstuhl meine Verfehlungen ins Ohr zu raunen. Ich konnte es nicht mehr. *Nein!*
Mit gerade mal 17 Jahren bin ich aus der Kirche ausgetreten. Es war durchaus ein bedeutender Schritt für mich, doch er fühlte sich stimmig und richtig an.

»Eine Zeit zum Suchen«

Ich war mit 17 Jahren von zu Hause ausgezogen. Nach Hamburg. Sehr jung für ein Mädchen Anfang der Siebzigerjahre, und Hamburg war weit weg vom Ruhrgebiet. Meine Familie litt sehr unter meiner Entscheidung.

Ich rechne es meinen Eltern hoch an, dass sie mich trotzdem gehen ließen. Sie spürten, dass sie mich nicht mehr halten konnten, und vertrauten darauf, dass ihre Erziehung am Ende Früchte tragen würde. Seitdem ich selbst einen Sohn habe, weiß ich, was sie durchmachen mussten.

In den folgenden Jahren lernte ich, auf eigenen Füßen zu stehen. Ich machte Abitur, ging zur Schauspielschule, verliebte mich ... oft, lebte in WGs und reiste durch die Welt.

Kontakt mit der Kirche hatte ich in diesen Jahren nicht mehr. Auch später nicht, als ich schon Schauspielerin war und am Theater und in Filmen spielte. Mir fehlte nichts, ich war nach außen gerichtet ... auf die Welt. Es gab ja so viel zu sehen, zu lernen, zu entdecken!

An Weihnachten, wenn ich meine Eltern besuchte, ging ich mit ihnen in die Messe. Ich tat es für sie, nicht, weil ich es wollte. Natürlich war ich berührt durch die Liturgie. Der Weihrauchgeruch, die Musik, der jubelnde Chor, das Licht der Kerzen. Das alles erreichte mich sehr wohl, aber ich grollte und kämpfte gegen meine Rührung an ... Und war gleichzeitig so traurig über das, was ich verloren hatte: den vertrauensvollen Kinderglauben.

»Zwei sind besser dran als einer allein«

1990, ich war 36 Jahre alt und mittlerweile eine erfolgreiche Schauspielerin, lernte ich Georg Weber kennen, meinen späteren Mann und meine große Liebe. Davon war für Außenstehende in unserem ersten Jahr allerdings nicht immer viel zu erkennen; denn wir hatten ein stürmisches Anfangsjahr, in dem wir zwar unsere Gemeinsamkeiten euphorisch feierten, aber auch unsere Meinungsverschiedenheiten unnachgiebig ausfochten. Georg war ebenfalls Schauspieler ... und katholisch. Aber richtig!

Was haben wir für wilde und hitzige Gespräche geführt. Ich fand ihn so erzkonservativ! Fast schon unangenehm, wie unverbrüchlich er zur katholischen Kirche stand. Wie sollte man denn mit so einem Mann reden? Für Georg war es unmöglich, dass ich aus der Kirche ausgetreten war. Wenn ich dann auf den Papst schimpfte, zuckte er die Schultern und meinte nur: Na und? Kirche ist doch mehr als der alte Papst!

Ich musste es zugeben: Er hatte eindeutig die besseren Argumente in unseren Auseinandersetzungen. Er hatte sich viel mehr mit der Kirche beschäftigt, war belesen und hatte, vor allem, eine sehr glückliche kirchliche Sozialisation genossen. Er hatte mit seinen Eltern gegenüber der Kirche gelebt, in der sie auch im Chor sangen. Georg selbst war ein begabter, kleiner Sänger gewesen und durfte an Festtagen die Solostimme singen. Der kleine Kerl war wichtig in der Messe, anerkannt in der Gemeinde. Alle hörten ihm zu. Er hatte einen eigenen Platz gefunden und erfuhr Bestätigung.

Erfahren Frauen, Mädchen jemals so viel Wertschätzung in der katholischen Kirche? Ich glaube nicht. Dabei sind sie es, die auf der Gemeindeebene den »Laden am Laufen« halten. Wer »sieht« sie? Ihren Einsatz? Oder vielleicht auch mal ihre Not? Die Frauen meiner Familie haben sich dann jedenfalls an die heilige Maria gewandt. Das war ihre Schutzheilige, der sie sich nahe fühlten.

Ich begann mich zu öffnen, für neue Gedanken und Erfahrungen. Ging wieder in die Kirche ... unregelmäßig, aber interessiert. Was tut man nicht alles für die Liebe!? Aber ich gestand mir ein, dass ich etwas Ungelöstes mit mir trug. Und dass ich in der Auseinandersetzung um die Kirche und um meinen Glauben stehen geblieben war. Jetzt kam etwas in Bewegung.

Als wir uns entschieden zu heiraten, war das ein Riesending für mich. Ein paar Monate vorher war ich noch sicher gewesen, dass ich *niemals* heiraten würde, und kirchlich schon gar nicht! Selbst meine Eltern hatten sich mit dieser Vorstellung angefreundet und reagierten auf unsere Absicht fast etwas konsterniert. Aber jetzt wollte ich. Ohne Wenn und Aber.

Und das hieß auch: Ich trete wieder in die Kirche ein. Denn einen Segen wollte ich schon für unsere Verbindung ..., man weiß ja nie.

Ich nahm Kontakt mit dem Pfarrer meiner Gemeinde auf, und nach einigen Gesprächen und einem Gottesdienst gehörte ich wieder zur Kirche.

Mein Georg feixte und meinte, er rechne mit ordentlich Bonuspunkten dereinst im Himmel. Immerhin habe er ein verlorenes Schaf zur Herde zurückgeführt. Der Frechling!

An meine Gefühle bei diesem Gottesdienst erinnere ich mich noch sehr gut. Ich war sehr aufgewühlt, und es liefen auch ein paar Tränen der Erleichterung, aber ganz tief in mir spürte ich auch das Gefühl einer Niederlage. Irgendetwas stimmte einfach noch nicht.

War das hier wirklich *mein Weg*?

Wir heirateten im Mai 1992. In einer kleinen Kirche in Tirol traute uns der Pfarrer, der auch meinen Kircheneintritt begleitet hatte. Ein rauschendes Fest war das, und es dauerte bis in die Morgenstunden. Freunde, Verwandte, alle waren da. Konnte man glücklicher sein?

Man konnte! Denn am nächsten Morgen sagte uns der Schwangerschaftstest, dass ich ein Kind erwartete.

Ein wunderbares Jahr lag vor uns. Wir verreisten, wir arbeiteten und planten unser Leben mit einem Kind. Die Wohnung wurde umgebaut und ein Kinderzimmer eingerichtet: Kinderbettchen, Kinderwagen ... Wir konnten die Geburt unseres Sohnes, Max sollte er heißen, kaum erwarten.

Der Absturz aus unseren Träumen war fürchterlich.

»Die goldene Schale bricht«

Nach der Geburt am 17. Dezember musste unser Kind auf der Intensivstation bleiben. Wir ahnten nicht, dass nun ein Albtraum für uns beginnen sollte. Es dauerte fast zwei Tage, bis wir begriffen, wirklich richtig begriffen, dass die seltene Gefäßmissbildung in seinem Köpfchen nicht operabel war. Das einzige, was wir tun konnten, war, unser Kind bis zu seinem Tod zu begleiten.

Wir waren wie gelähmt vor Entsetzen und Schmerz. Völlig hilflos saßen wir in meinem Krankenzimmer, weinten und hielten uns gegenseitig fest. Warum? Warum wir?
In diesen Tagen kam ein schmächtiger, älterer Herr in mein Zimmer und stellte sich als Krankenhausgeistlicher vor. Er hatte gehört, was uns Schreckliches widerfahren sei, und wollte nach mir schauen. Er war vorsichtig und etwas nervös. Was sollte ich sagen? Ich konnte nicht sprechen, nichts erklären. Und er blieb einfach stehen. Nach einer Weile zog er sich einen Stuhl her und setzte sich neben mein Bett. Schweigend betrachteten wir die vielen Blumensträuße auf der Fensterbank, die Freunde geschickt hatten, die noch nichts ahnten von unserem Unglück. Wir redeten kein Wort, manchmal weinte ich ..., und er war eindeutig überfordert. Aber er blieb da, als Mensch und als Priester. Für diesen Moment bin ich ihm und auch der Kirche unendlich dankbar. An einem der schrecklichsten Tage meines Lebens stand er mir bei. Ich werde das sicherlich nie vergessen, es hat mir gezeigt, was ein einziger Moment der Menschlichkeit bewirken kann. Und auch, was Kirche sein kann ...
Einen Tag nach meinem Geburtstag, am 25.12.1992, starb unser Max.

In den folgenden Monaten, versuchten wir ... ja was? ..., auf die Füße zu kommen, weiter zu leben, zu verstehen. Das Kinderzimmer wieder leer räumen, den Kinderwagen in den Keller. Zurück auf Anfang? Nein. Natürlich nicht. Alles war anders, und wir veränderten uns auch. Nichts fühlte sich mehr sicher an, verlässlich. Eine bleierne, dumpfe Trauer empfand ich, sehr lange. Schmerz überfiel mich urplötzlich, nahm mir den Atem.

Manchmal dachte ich, dass meine Unbekümmertheit, meine Zuversicht nie mehr zurückkommen würden.
Rückblickend denke ich, mir hätte professionelle Hilfe gut getan. Aber ich wollte es allein schaffen. Mit Georg: ja. Aber mit Fremden wollte ich nicht sprechen müssen.
Ich fand ein Mantra: Herr, dein Wille geschehe. Diese Zeile aus dem Vaterunser wurde meine ständige Begleiterin. Ich hatte sogar das Gefühl, sie zum ersten Mal richtig zu verstehen. Der Satz beruhigte mich, nahm mir etwas ab. Er half mir, das Schicksal anzunehmen, das sich anfühlte wie eine Strafe. Doch auf die Frage: Warum ich?, gibt es nur die Antwort: Warum ich nicht? Schicksal eben.

Und doch, mein Vertrauen ins Leben kehrte langsam wieder zurück. Und mit der Geburt unseres Sohnes Paul, Weihnachten 1994 (schon wieder Weihnachten!), war auch das Glück wieder da. Fragil und durchlässig war dieses Gefühl nun. Wir hatten ja erfahren, wie schnell sich das Leben ändern konnte.

»Eine Zeit zum Heilen«

Wenn man ein Kind hat, hat man auch die Aufgabe, ihm die Welt zu zeigen und zu erklären.
Jedenfalls sehe ich das so. Das ist leicht, wenn es um sichtbare Dinge geht, und wird bei den unsichtbaren Dingen anspruchsvoller. Liebe, Achtung, Verantwortung, Zuversicht, Gerechtigkeit, Nachsicht, Vertrauen, Gemeinschaft …: Auch das alles will gelernt sein. In dem Moment, wo Paul ein Schulkind wurde, rückte die Kirche wieder näher.

Als er zur Kommunion ging, trugen Georg und ich uns für den Lektorendienst ein. Als Schauspieler haben wir einen beherzten Zugriff auf Texte, und das kam in der Gemeinde gut an. Bald unterrichteten wir interessierte Lektorinnen und Lektoren im Vortragen.
Ich möchte nicht den Eindruck erwecken, dass ich über die Jahre zu einer beflissenen Kirchenmaus wurde, dass ich mich nun sicher und klar zu meinem Glauben bekennen konnte. Nein, das sicherlich nicht; aber ich suchte Verbindung, ich empfand mich auf dem Weg.
Und auf diesem Weg war auch der Schritt, 2005 Schirmherrin für das ambulante Kinderhospiz der Malteser zu werden, gut und richtig. Denn durch meine Erfahrung, ein Kind verloren zu haben, fühle ich mich ermutigt, Eltern gegenüber zu treten, die das Gleiche erleben mussten. Ich traue mir zu, für sie zu sprechen und den Malteser-Dienst in der Öffentlichkeit zu vertreten. Und so ist mein Sohn Max doch bei mir. In dem, was ich tue und wozu ich mich bekenne. Hier bin ich verbunden.

Mit der Kirche blieb die Verbindung weiterhin zögerlich, mal inniger und mal nicht. Und als die Missbrauchsskandale in großem Maße bekannt wurden, die finanziellen Ausschweifungen in Limburg …, da war ich gleich wieder auf 180. Da war es wieder: dieses Unehrliche, Verlogene. Die Selbstgefälligkeit der »Brüder«. Klerikalismus nennt man diese Haltung, die sich gegenüber Kritik und Fragen abschottet. Ja, die Kirche ist nur ein Spiegel unserer Gesellschaft, und Geistliche sind so fehlbar wie alle Menschen, aber dann müssen sie auch zur Verantwortung gezogen werden wie alle anderen Menschen.

Als sich dann noch, 18 Jahre nach unserer Hochzeit, der Pfarrer bei uns meldete, der uns getraut hatte, und berichtete, dass er nicht mehr Pfarrer sein dürfe, weil er sich verliebt habe, war ich wieder soweit, aus der Kirche auszutreten.
Wie kann man Menschen, die sich jahrzehntelang in den Dienst der Kirche gestellt haben, die erfahrene Seelsorger sind, einfach ausschließen? Wieso verzichtet man auf ihre Kompetenz? Haben wir denn so unendlich viele, tolle Pfarrer?
Diese Liebe, die sie erfahren, wird bei allem Glück doch auch als eine Lebenskrise erlebt. Da braucht man Unterstützung, Freunde. Nicht Ausschluss.
Wo bleibt da Fürsorge? Nächstenliebe? Unglaublich!

»Nicht im Menschen selbst gründet das Glück«

In dieser Zeit erreichte mich eine Anfrage des WDR, einen Dokumentarfilm über mein Verhältnis zu Kirche und Glauben zu drehen. Erst wollte ich das nicht, es erschien mir zu privat, aber dann sah ich die Möglichkeit, Erfahrungen zu machen und Menschen kennen zu lernen, die ich sonst nie treffen würde. Also los!
Ich wurde nicht enttäuscht. Im Gegenteil!
Wir, das Team und ich, fuhren in die Schweiz, ins Lassalle-Haus. Den Namen verdankt dieses Haus Hugo Enomiya-Lassalle, einem Jesuiten und Zen-Meister, der 1929 nach Japan ging und zum Brückenbauer zwischen fernöstlicher und westlicher Spiritualität wurde. Niklaus Brantschen, der damalige Leiter des Lassalle-Hauses, ebenfalls Jesuit und Zen-Meister, empfing mich mit strahlender Offenheit und Neugier.

Auf meine Fragen – Wie ist das mit der Kirche, kann ich drin bleiben oder muss ich raus? Und wie gehe ich mit meiner Enttäuschung um? Spiritualität, wie finde ich die? Wie kann ich sie leben? Und was ist das überhaupt genau? Warum verrutscht mir mein Glaube immer wieder? – Auf meine Fragen bekam ich zur Antwort die Einladung, beim laufenden Sesshin mitzumachen.
Das bedeutete für mich: vier Tage Schweigen in Meditation. Nur unterbrochen durch Essen in Schweigen, kleinen Arbeitseinheiten in Schweigen und Impulsvorträgen.
Das Ganze begann morgens um sechs Uhr und endete am Abend, nach einer Abendandacht. Ich hatte vorher nie wirklich meditiert, kannte es natürlich über Freundinnen, die dem Buddhismus nahe standen. Aber wirklich ausprobiert, ob mir die Meditation etwas geben könnte, das hatte ich nicht.
Mir wurde der wunderschöne, große Meditationsraum gezeigt, der ganz mit Tatami-Matten ausgelegt war, mir wurde ein Platz zugewiesen, und es wurden kurz die Abläufe und Haltungen erklärt. Klang eigentlich alles ganz einfach, nur das frühe Aufstehen fand ich fies. Und ob meine Knie und der Rücken das lange Sitzen mitmachen würden? Puh.

Um es gleich zu sagen: Diese Erfahrung, die ich dort in den vier Tagen des Schweigens machen konnte, gehört zu den glücklichsten meines Lebens. Worte können die Größe und friedliche Kraft des Erlebten auch nicht wirklich beschreiben. Ich erlebte jedenfalls während der Meditationen Momente der Verbindung zu mir, zu anderen, zur Welt, die ich so nicht kannte. Der große innere Raum, der sich in der Stille auftat, war eine beglückende Entdeckung. Und ich wusste: Ja, das ist es. Ja.

Ich brachte es später für mich auf den Nenner: Hier habe ich etwas gefunden, von dem ich nicht wusste, dass ich es suche.

Aber wie geht es weiter?, fragte ich mich, zu Hause? Verliere ich das Gefundene wieder? Niklaus Brantschen versprach, dass mir die Stille zur Sehnsucht werden würde und dass ich üben könne. Jeden Tag. Ich muss nichts wissen und nichts tun. Nur sitzen. Da sein.
Er hatte recht, natürlich.
Die Begegnung mit Niklaus Brantschen war und ist ein Geschenk für mich. Ich habe wohl einen Lehrer gebraucht, einen Menschen, den ich alles fragen kann, der mir Antworten gibt und mir doch auf Augenhöhe begegnet. Und der lustig ist – ganz wichtig! All das ist er ... und doch noch so viel mehr. Ein hoch gebildeter Geistlicher, der sein Wissen und seine Lebenserfahrung lebendig, heiter weitergibt. Der diesen besonderen Weg, den Weg zwischen Zen und Christentum, für sich gefunden hat und überzeugend vorlebt. Der traumsicher ist im Sowohl-als-auch. Ein weiser Brückenbauer, der mein Herz und meinen Geist anspricht. Durch die Begegnung mit ihm habe ich zurückgefunden zu meinem Gottvertrauen, so wie ich es hatte, als ich noch ein Kind war.
Und – durch ihn habe ich Kohelet gefunden!

»Geh auf den Wegen, die dein Herz dir sagt«

Während einer Schweigewoche bat mich Niklaus Brantschen, in der Abendandacht Auszüge aus dem Kohelet-Buch vorzulesen. Ich erinnere mich nicht, Kohelet jemals in der Kirche gehört zu haben, nur das Gedicht über die Zeit »Alles hat seine Zeit«, das

hatte ich schon gehört. Es wird gern auf Hochzeiten und Beerdigungen gelesen, und allein, dass es zu beiden Anlässen passt, ist ja bemerkenswert.
Mir gefiel der poetische Text sofort. Und ich empfand ihn verblüffend modern. Sehr klar und unverblümt fragt Kohelet nach dem Sinn des Lebens. Fragt, wozu wir die Mühe der Arbeit und des Lernens, der Weltgestaltung auf uns nehmen, wenn am Ende doch alles nichtig, alles Windhauch ist. Er beschreibt Ausbeutung und Unterdrückung und Leid. Er sieht, dass die Welt ungerecht ist und dass der Gerechte ebenso wie der Ungerechte mal Glück hat und mal nicht. Wir werden nicht belohnt für rechtschaffenes Verhalten. Uns treffen Glück wie Unglück ohne unser Zutun. Es wird uns von Gott gegeben. Das war so und wird so bleiben: »was geschehen ist, wird wieder geschehen« (Koh 1,9). Und doch können wir Trost finden, denn »alles hat seine Zeit« (vgl. Koh 3,1). Und Kohelet verweist uns auf die Gegenwart, auf das *Jetzt*: Er ruft uns auf, das Leben zu genießen in dem, was wir tun: jetzt.
Zupacken, das Glück ergreifen, dem Weg des Herzens, der Freude folgen ... Und einschließen, dass auch dunkle Zeiten kommen werden. Der Text endet, wie er begonnen hat: »Windhauch, Windhauch, sagte Kohelet, das ist alles Windhauch« (Koh 12,8). Der Atem der Menschen kehrt zu Gott zurück, wie der Fluss zurückkehrt an den Ort, wo er entsprungen ist. Ein großer Kreislauf der Schöpfung ... Aber kein Leben nach dem Tod.

Wie toll, dass es einen solchen Zweifler und »Querdenker« in der Bibel gibt! Dass Melancholie und Bitterkeit einen Raum gefunden haben im Alten Testament.

Ich finde in diesem ungewöhnlichen Text viele meiner Fragen und Zweifel wieder, die mich in meinem Leben beschäftigt haben und immer noch beschäftigen. Ich bin glücklich, diesen Spiegel gefunden zu haben. Immer wieder tauchen Sätze, Zeilen und Bilder daraus in meinem Alltag auf. Sie begleiten mich, sie regen mich an, sie tun mir gut. Sicher habe ich noch nicht alles verstanden und durchdrungen aus diesem Text. Aber das macht nichts. *Jetzt* verstehe ich ihn so, wie ich ihn für die CD gelesen habe. Vielleicht verstehe ich in einem Jahr oder zwei Jahren mehr. Dann werde ich ihn anders lesen. Er kann ja wachsen in mir.

Mit mir.

Durch Kohelet habe ich gemerkt: Ich muss meinen Weg nicht suchen, ich bin ja schon unterwegs! Ich bewege mich ja, ich gehe. Mein Glaube ist nichts Festes, Unverrückbares. Er ist etwas wackelig und fragend, aber er ist da.

Mein Verhältnis zur katholischen Kirche bleibt wohl spannungsvoll, und sie macht es einem wirklich nicht leicht, sich heutzutage zu ihr zu bekennen. Und doch gibt es auch den Teil von Kirche, der mir viel bedeutet. Er liegt lange zurück, und er ist in mir, in meiner Geschichte. Diesem Teil bin ich treu.

Aber dass ich etwas von ihr weggerückt bin, sodass sie den Zugang zu meinem Vertrauen nicht mehr stört, hat den Raum gegeben, in dem etwas Neues entstehen konnte.

SABINE BOBERT
Der mit dem Wind tanzt

EIN WEISER IST, WER NICHTS WEISS

Für mich gleicht Kohelet einem Zen-Lehrer. Er sucht Weisheit statt Wissen. Wissen ist die Ansammlung von toten Gedanken. Wer etwas weiß, hat ein Modell, ein Etikett, ein System, eine Philosophie und muss danach nicht mehr genau hinschauen. Er verliert rasch den Kontakt zum fließenden, strömenden Leben und begnügt sich stattdessen mit seinem Wissen von gestern.
Weisheit ist die Kunst, genau wahrzunehmen und in möglichst klarer Wahrnehmung zu leben. Weisheit sprengt und zerstört Wissen. Wer ein Wahrnehmender ist, wirft sein Wissen von gestern für die klare, frische Wahrnehmung von heute auf den Müll. Der Wissende verfängt sich und strauchelt in seinem Wissen, da es als Orientierung nie richtig zum fließenden, überraschenden, verwobenen Leben passt. Im Leben ist nichts statisch. Statisch ist nur das Denken. Nur Denken erzeugt die Illusion von festen Dingen oder definierten Identitäten. Daher führt Denken immer wieder zu Enttäuschungen.
Kohelet lädt uns ein, am Spiel der sich ständig wandelnden Formen teilzuhaben. Weisheit lässt sich nur durch Eintauchen in den Strom des Lebens erlangen. Sobald du aus dem Strom der Wahrnehmung aussteigst, lebst du nicht mehr so intensiv und drohst, zu einem Wissenden zu erstarren. Du begnügst dich mit den Daten und Reflexionen von gestrigen Erfahrungen. Deine pulsierende, lebendige Weisheit erkaltet wie Lava.
Kohelet ist für mich der, der mit dem Wind tanzt. »Nach dem Süden geht, nach dem Norden kreist, kreist und kreist und geht der Wind, in seinen Kreisen kehrt der Wind« (Koh 1,6. Der poetischen Schönheit wegen bevorzuge ich die Übersetzung von Martin Buber und Franz Rosenzweig aus dem Jahre 1929). Was ist

Wind? Beschreibe Wind! Für den Wissenden ist Wind »bewegte Luft«, ein Tiefdruckgebiet, ein Hochdruckgebiet, eine Zyklone. Der Weise lebt mit dem Wind in tiefer Freundschaft, ja Liebe. Er verliert die Distanz zum Wind. Er freut sich, wenn sein Freund singt oder pfeift, und er staunt, wenn sein Freund heult wie ein wildes Tier. Er wird eins mit Wind und Böen. Er spürt in seinem Körper, wie der Wind Anlauf nimmt wie ein Panther zum Sprung. Wie er sich dann hinter einem Busch verkriecht. Wie er dann plötzlich, ehe du dich versehen hast, aufgesprungen ist, dich an den Schultern packt und umwerfen will. Dein Freund, der Wind, lebt. Er will mit dir tanzen. Er will, dass du mit ihm zum Tanz *wirst*. Der Beobachter bleibt oberflächlich, ohne Tiefgang. Im Vergleich: Solange du ein Essen oder Liebende nur beobachtest, weißt du noch nichts. Du siehst Körper, aber die Seele siehst du nicht, und den Geist oder Gott, der im Tanz der Lebendigen selbst der Tänzer ist, ahnst du noch nicht einmal. Du kannst aus deiner Distanz als Wissender nur Körperbewegungen nach- und aufzeichnen: Wie ein Blatt im Wind verschoben wird. Wie ein Barometer fällt. Wie der Windmesser kreist. Daher bleibt der Zuschauer dumm. Dumm wie jemand, der Tafelnden nur zuschaut und nicht selbst isst. Solch distanziertes Wissen ist dem Weisen »Tollheit und Narrheit« (Koh 1,17).

Erst wenn deine Seele und dein fokussierter Geist eins werden mit dem Beobachteten – wenn du wie eine Liebende, wie ein Liebender allen Abstand verloren hast und eingetaucht bist, dann *weißt* du. Erst wenn du innig liebst, dann erkennst du wirklich. Dann weißt du, weil du es durch dich hindurch spürst, dass der Geliebte – sei es Fluss, Wind oder Berg – lebendig ist. Für den Wissenden gibt es nur »den Berg«. Dir als Liebender, Liebendem

zeigt er sich zu jeder Tages- und Jahreszeit und in jedem neuen Moment, in dem die Bergflanke mit dem Licht spielt, auf jedem Quadratzentimeter anders.
Für dich gibt es nur den fließenden Berg. Er lebt und er kann mit dir sprechen. Weil er lebt wie ein Fluss, weißt du nie im Voraus, wie er sich dir im nächsten Moment, im nächsten Übergang zeigen wird.
Die Lebensmomente von Berg, Fluss oder Wind stehen für Kohelets Verständnis vom Fluss des Lebens überhaupt. Wer das Leben durch Wissen begreifen will, hat nichts verstanden. Er versucht, den abenteuerlichen Fluss in Gedankenkanälen aufzustauen und umzuleiten. Das gibt ihm ein Gefühl von Sicherheit – für ein Leben in einer Nichtschwimmer-Zone. Der Wissende ist dem Weisen ein Narr. Er ist aus dem Fluss des Lebens ausgestiegen und begnügt sich mit Abbildungen und vorsortierten Exponaten in Vitrinen eines Naturkunde-Museums.

Kohelet als Weiser sagt: Begnüg dich nicht mit Bildern, Systemen und Museumstouren! Er wirkt daher auf Ängstliche, die bei ihm sortiertes Wissen und sichere Aussagen über den Fluss des Lebens suchen, pessimistisch. Kohelet ist als eine Art Wildnis-Pädagoge einfach nur Realist. Die Enttäuschung liegt bei denen, die bei Kohelet das Unlebendige suchen, die Leben in fertig etikettierten Dosen kaufen wollen. Kohelet bleibt Weisheitslehrer. Er will kein Dozent sein: »... lasse dich warnen, mein Sohn, des Büchermachens ist viel, kein Ende damit und der Beflissenheit viel, eine Ermüdung dem Fleisch« (Koh 12,12).
Er zeigt den Wissenden: Ihr wollt euch das Leben annehmbar machen, es unter Kontrolle bringen, doch ihr erzeugt damit nur

Scheinsicherheiten. Ihr zieht euch zurück auf eure Systeme, und ihr liebt diese mehr als das wechselhafte Leben selbst. Statt hinauszugehen und die Liebe zum Wind, zum Fluss, zum Berg zu leben, vertut ihr eure Lebenszeit und Kraft. Es gibt nur eine Antwort auf das Leben: Es zu leben und sich in seinen Wechselfällen zu freuen.

Weisheit mag schockieren, da sie – wie bildlose Mystik – den Menschen illusorische Sicherheiten und Landkarten raubt. Sie ermutigt Menschen, in den Fluss des Lebens einzusteigen. Wissen behindert die Liebe durch Vorerwartungen. Es lässt Ansprüche stellen, wie das Leben zu laufen hat. Dagegen: »... die Weisheit belebt ihren Meister« (Koh 7,12). »Die Weisheit des Menschen wird sein Antlitz erleuchten, aufhellen wird sich seines Antlitzes Strenge« (Koh 8,1).

DER WEISE NIMMT DIR DIE SICHERHEIT

Kohelet beschreibt den Fluss des Lebens als reißend, zerstörend, aufbauend, anschwemmend, unverhofft Verlorenes zurückbringend. Er steckt voller Möglichkeiten und Risiken. Im Leben hast du die Garantie, dass es jeden Moment anders läuft, als du es erwartet hast. Du baust dir Sicherheiten? Du ziehst Mauern hoch und schüttest Schutzwälle auf, um vom Leben nicht angesprungen und umgerissen zu werden? Kohelet als spiritueller Lehrer rät: Lass ab vom Mauerbau. Kein Stein wird auf dem anderen bleiben!

Er spielt die gesellschaftlich bekannten und scheinbar totsicheren Glücksmöglichkeiten durch: Buchwissen, Reichtum, Anerkennung, Langlebigkeit. »Groß legte ich mein Tun an, ich baute mir Häuser, ich pflanzte mir Rebenhänge ... Ich erwarb mir Knechte und Mägde« und »Rinder und Kleinvieh«. »Auch stapelte ich Silber und Gold ... Ich schaffte mir Sänger und Sängerinnen an, und die Wonne der Menschensöhne, die Dame und die Damen« (Koh 2,4–8).

Alle Sicherheiten haben lediglich eine Schwäche. Sie sind gegenüber dem lebendigen Leben illusorisch. Sie sind gedankliche Murmelspiele, Fantasien. Sie sagen mehr über diejenigen aus, die sie erdacht haben, als über das Leben, für das sie bestimmt sind. Im Fluss des Lebens sind es Hohlkörper, die fortgespült werden: »*Reichtum*, wohlbewacht, seinem Besitzer zum Übel; geht durch ein übles Geschäft jener Reichtum verloren, und er hat einen Sohn gezeugt, bleibt kein Etwas dem in der Hand ... nackt wird er wieder gehen« (Koh 5,14). *Ruhm und Anerkennung?* »... dem Toren gesellt, bleibt dem Weisen kein Gedächtnis auf immer, in den kommenden Tagen ist all das vergessen« (Koh 2,16). *Langlebigkeit?* »Würde ein Mann Hundert zeugen und viele Jahre leben, wie viel auch der Tage seiner Jahre wären, und nicht sättigte sich seine Seele am Guten, ich spräche: ›Ob die auch ein Begräbnis nicht fand, die Fehlgeburt ist besser dran als er‹« (Koh 6,4), »... und ob er zweimal tausend Jahre lebte und hat das Gute nicht besehn. Wandelt zu einem Orte nicht alles hin?« (Koh 6,6). Langlebigkeit ist nutzlos und könnte sogar das Unglück steigern, wenn man nicht gelernt hat, sich mit dem wechselvollen Fluss des Lebens anzufreunden und daran sogar seinen Spaß zu haben.

WAS BLEIBT?
WACHSEIN FÜR DEN LEBENDIGEN AUGENBLICK

Was bleibt? Ist Kohelets Lebenshaltung nicht frustrierend? Er verweist wie ein Zen-Lehrer und erwachter Mystiker auf einen wachen Geist, der offen bleibt für den Reichtum des Moments. Dir bleibt in all den Unwägbarkeiten nur das Wachsein für den passenden Augenblick in den Bewegungen, Windungen und Gezeiten des Lebens. Der Fluss des Lebens wird dir für alles passende »Fristen« bieten: »Für alles ist eine Zeit ..., eine Frist fürs Geborenwerden und eine Frist fürs Sterben, eine Frist fürs Pflanzen und eine Frist fürs Entwurzeln des Gepflanzten, eine Frist fürs Erschlagen und eine Frist fürs Heilen, eine Frist fürs Niederbrechen und eine Frist fürs Erbauen, eine Frist fürs Weinen und eine Frist fürs Lachen, ... eine Frist fürs Steinewerfen und eine Frist fürs Steinestapeln, ... eine Frist fürs Suchen und eine Frist fürs Verlorengeben« (Koh 3,1ff).
Wiege dich nicht in Sicherheit, wenn heute die Sonne scheint, dass sie morgen genau so scheinen wird. Das Leben fließt weiter. Rechne damit, dass es aufbauende und abbauende Zyklen gibt. Dies ist so sicher, wie sich Tag und Nacht die Hände reichen. »Alle Bäche gehen zum Meer und das Meer ist keinmal voll, an den Ort, dahin die Bäche gehen, dorthin kehren sie sich zum Weitergehn« (Koh 1,7). »Was im Sein war, ist, was sein wird, und was man tat, ist, was man tun wird, keinerlei Neues unter der Sonne!« (Koh 1,9). »Alles geht an Einen Ort, alles ward aus dem Staub und alles kehrt wieder zum Staub« (Koh 3,20).

Wenn du das Leben als steten Formumwandler bejahst, statt ängstlich bis nekrophil das Starre zu bevorzugen, das Maschinenhafte, das Berechenbare, dann wirst du das Leben nicht mehr feindlich erleben. Es wird ein Freund voller Überraschungen, mit dem du zu spielen lernst. Du wirst es lieben! Wenn deine Angst vor der Wildheit deines Freundes sich legt, hörst du eine wunderbare Symphonie. Du liebst ihre motivische Wiederkehr und jede Variation in lebendiger Unregelmäßigkeit. Du siehst dann, dass auch der Fluss aus anderen Flüssen besteht und wiederum Teil von unendlich großen Flüssen ist. Das Chaos, das aus Momentaufnahmen der Wissenden berichtet und verallgemeinert wird, erscheint dir zu oberflächlich. Statt der Missklänge, die der Wissende von Ferne im Gurgeln und Tosen hört, staunst du über die Harmonien, die du nur ansatzweise in Worte fassen kannst, die du aber erlebst und deren Teil-Klang du als Liebender geworden bist. Als Liebender bist du in Resonanz. Was dem Wissenden als Chaos erscheint, erlebst du beglückt als gewaltige Symphonie. Du bist Teil der Vorführung geworden.

Feindlich erscheinen die wechselvollen Zyklen, die Fülle an Möglichkeiten, dieses Moment-für-Moment-anders-Verlaufen nur denen, die statt Leben Sicherheiten und Garantien suchen, die selbst erdachte Systeme und Philosophien mehr lieben als das wechselhafte Leben selbst.

DER SINN IST, DASS DER FLUSS FLIESST

Ja, es gibt im Leben kaum Kontrolle und keine Sicherheit, keine Garantie. »Denn keiner kennt, was werden will, denn sowie es werden will, wer meldets ihm? Kein Mensch schaltet über den Wind, den Wind einzusperren, kein Schalten ist über den Tag des Todes und kein Freigeschicktwerden im Krieg« (Koh 8,7–8).

Wo ist der Sinn? Der Sinn besteht darin, dass der Fluss fließt. Es gibt keinen Zweck außerhalb des Flusses. Der Sinn deines Lebens besteht darin, dass du erkennst, dass du heute nicht mehr dein Gestern bist und dass der schönste Morgen sich aus dem bewussten, wachen Ich-bin-jetzt-Hier ergibt. Genieße die Bewegungen des Lebendigen. Es gibt kein Ziel, keine Haltungsnoten, weder Lob noch Tadel, weder Anerkennung noch Strafe. Spiele mit dem Leben. Tu das, was du gern tust, und tu es voll bewusst und aus reiner Freude. Tue, was du tust, unmotiviert. Handle absichtslos – »sunda warumb« (ohne Warum). Lebe einfach deshalb, weil du es liebst, lebendig zu sein. Lebe das Leben auf deine einmalige Art! Oder in Kohelets Sprache: Iss und trink und freu dich an diesem Fluss! Das ist das Fazit eines Weisen – jemandes, der genau hingeschaut hat, – anstelle einer abgerundeten Schreibtisch-Philosophie, die dann doch der Komplexität des Lebendigen nicht standhält. Kohelet erscheint wie ein antiker Alexis Sorbas: »daß unter ihnen kein Gut ist als sich zu freuen und sich gutzutun in seinem Leben, ... daß er ißt und trinkt und Gutes besieht in all seinen Mühn, eine Gabe Gottes ists« (Koh 3,12f) und »... daß da kein Gut ist, daß der Mensch sich seines Tuns freut, denn das ist sein Teil« (Koh 3,22).
Fließe mit der Natur und ihren Gezeiten, surfe auf ihren Wellenkämmen und in ihren Tälern. Wo Berge sind, freu dich am Klettern. Wo dich das Leben in Höhlen zwängt, erkunde diese. Wenn der Wind weht, tanze im Wind. Wenn es schüttet und gießt, bleibe wach und freu dich an den Ringen in den Pfützen und am Aufklatschen der Tropfen wie ein Kind, und wenn du durchweicht bist, am Regenbogen. »Am Tag des Guten sei guter Dinge, und am Tag des Übels sieh ein: auch dies gleichlaufs mit die-

sem hat Gott gemacht, um der Sache willen« (Koh 7,14). Das Leben gut und glücklich zu leben, benötigt keine andere Ethik als das Wachbleiben für den wechselnden Moment. Dann tauchst du ein und bleibst kein Zuschauer. Dann spürst du, wie schön es ist zu leben, und wartest auf keine weitere Belohnung oder Tadel. Du lebst untadelig, weil du wach bist. Weil du Mensch bist. Sei dieser lebendige Mensch. Verlass die Stuben des Wissens und werde wieder wild. Wähle statt Sicherheiten das Risiko, draußen im Leben zu leben und verletzlich zu sein. Das reicht zum Glück. Erkenne: Du bist bereits das Leben selbst. Es gibt nichts Herrlicheres. Töte es nicht ab, kanalisiere es nicht zu stark, versuche nichts zu bezwingen, sondern fließe mit ihm.

Wenn du auf diese Weise wach bleibst und dich in den strömenden Flüssen wahrnimmst – ohne zu urteilen aufgrund von Vorerwartungen, ohne Theorien, die dir sowieso zerbrechen werden, sogar möglichst ohne einen einzigen Gedanken in dir (denn Gedanken archivieren immer die Wahrnehmung von gestern, sie verstellen dir den neuen Moment) – dann fühlst du göttliche Gegenwart in dir. Dann geht dir im wahrsten Sinne des Wortes ein Licht über dich auf. Es scheint mitten in dir. Du wirst den Kern aller Religion verstehen. Dein Licht ist der wache Moment. Es ist Schlüssel zur Freude an allem; denn erst, nachdem es in *dir* hell geworden ist, wird es auch draußen für dich Tag. Dein Licht macht das, was dir draußen vorher als Nacht erschien, zum Tag. Du wirst diese lichtvolle Wahrnehmung deiner selbst und des Lebens nie durch Buchwissen oder Reflexion machen können. Durch Reflexion statt Wahrnehmung läufst du aus deinem So-hier-Sein gedanklich fort. Dein Leben gewinnt im erwartungslosen, hellwachen Mitfließen eine Tiefe bis hin zur Gotteswahr-

nehmung. Es bedarf nur des Ja-Sagens von Moment zu Moment, wie sich das Leben *hier und jetzt* zeigt. Du bist dann offen für jede »Frist« – sei es Lieben oder Hassen, Steine-Sammeln oder Steine-Zerstreuen, Festhalten oder Loslassen.
Die meisten Disharmonien des Lebens stammen aus gedanklichen Sperren und Vorerwartungen, wie der Fluss zu sein hätte: Er ist dir zu kalt, er fließt dir zu schnell, oder sein Wasser ist dir zu trübe. Der Verstand will über das Leben urteilen, und dadurch schafft er Distanz. Du ziehst dich als Kritiker zurück in deinen Beobachtersessel. Du nimmst es dem Leben übel, dass deine Hochrechnungen aus gestrigen Erfahrungen sich nicht als Prognosen für Morgen erfüllen. Das Leben ist für Hochrechnungen zu lebendig und zu verwoben.

GOTT IST DAS LEBEN SELBST

Und wo ist Gott? Gott ist der Lebendige. Er ist das Leben selbst. Gott sieht aus wie ein Fluss. Du kannst ihm nicht zweimal auf dieselbe Weise begegnen. Sobald du ihn mit deinem Sieb aus Vor-Wissen aus dem Fluss des Lebens herausfischen willst, strömt er dir schon durch die Maschen. Von Gott kannst du nur in der Gegenwartsform sprechen. Er *ist*. Er ist derjenige, der sagt: Ich *bin*. Wenn du im Wind tanzt, hast du Gott bereits gefunden und fragst nicht mehr, wie jemand mit dem Kopf zwischen Buchdeckeln, wo er denn sei. Gott ist im Tanz und der Tanz.
Gott *ist* nur *hier* und *jetzt*. Daher wird von Gott niemals in der Vergangenheit gesprochen: Gott *war*.
Sei daher auch vorsichtig, wenn du religiös bist. Religion kann dich blind machen.

Wenn deine Religion dir nur Wissen gibt und nicht zusätzlich Wahrnehmung schenkt, wiegt sie dich in falscher Sicherheit. Sie gibt dir einen tröstlichen Käfig, eine gedankliche Kuschelhöhle. Du zahlst dafür den Preis, dass Gott im Hier-und-Jetzt draußen bleibt. Dein Käfig-Gott ist eine Mumie.

Wenn deine Religion dir jedoch von den Abenteuern erzählt, die mit Gott auf dich warten, wenn sie dein Wachwerden für den Moment schult, wenn sie dich ermutigt und dein Zutrauen zu dir weckt, wenn sie dir von den Schönheiten des Lebendigen erzählt, dann bahnt sie dir die Gottesbegegnung an. Sie kommt zum Ziel, wenn dir ihre Texte und Lieder zauberhafte Sinfonien vom Fluss vorspielen, wenn du dir nichts anderes mehr vorstellen kannst, als in den Fluss zu springen und dich schließlich aufs Meer zu wagen.

Religion ist nur eine Transithalle, um dich ins Leben weiterzuleiten. Sie ist nie Selbstzweck. Sie hilft dir dorthin, wenn sie dich spielen lehrt, zum Tanzen verführt und dir hilft, Dinge wieder um ihrer selbst willen zu machen. Sie ist dann eine Auswilderung ins Glücklichsein.

Letzten Endes ist es – aus Sicht der Mystiker – ihre Aufgabe, dir Wissen zu nehmen, dich wieder unwissend zu machen. Sie sollte dich sogar verstören und verwirren, wie Kohelet es tut, damit du wieder wach wirst und über »Unwichtiges« staunst wie ein Kind.

Eine gute Religion ist wie Riechsalz, wie Niespulver. Sie macht dich knallwach, frei von Gedanken. In Gedankenstille ist dein Geist superklar. Dann schaust du bist zum Grund des Lebens. Das ist die höchste Kunst: das abgestandene Wissen von gestern

für die tiefe Wahrnehmung von heute auf den Haufen zu werfen.
Es gibt nur eine Religion: eine, die dich wach macht, die deine Aufmerksamkeit schult, damit du Gott nicht verpasst in seinen wechselhaften Gestalten, wie er dir jeweils neu im Moment begegnet. Der Wache ist kein Wissender, kein Denker, kein Träumer. Er schaut und staunt und fließt mit. Er schwimmt im Fluss und tanzt mit dem Wind. Er wird selten Bücher darüber schreiben. Eher Gedichte oder Momentaufnahmen in Bild oder Text.
Gott ist nicht *über*natürlich. Er ist der Natürlichste: das Leben selbst. Den Toten erscheint er allerdings so übernatürlich oder so ferne oder so transzendent, wie der Lebensstrom an ihren Bücherwänden oder Büros vorüberzieht, ohne dass sie überhaupt nur auf die Idee kommen, sie könnten jederzeit hier und jetzt in ihn einsteigen.
Der Sinn des Lebens?
»Aufwachen
Im Lärm
Die fliegenden Gänse hören.«
Pola

ANS
Kohelet – Eine Einführung

Wer kennt nicht das geflügelte Wort von der Eitelkeit alles irdischen Strebens? In der Sprache Martin Luthers: »Es ist alles ganz eitel, sprach der Prediger, es ist alles ganz eitel.« Oder in der Einheitsübersetzung der deutschen Katholiken, die dieser CD-Aufnahme zugrunde liegt: »Windhauch, Windhauch, sagte Kohelet, Windhauch, Windhauch, das ist alles Windhauch. Welchen Vorteil hat der Mensch von all seinem Besitz, für den er sich anstrengt unter der Sonne?« (Koh 1,2f) *Vanitas vanitatum, omnia vanitas* – die lautmalende lateinische Fassung dieses ersten Satzes durchzieht die Frömmigkeitsgeschichte des Christentums zu verschiedenen Zeiten. Bekannt ist auch die Stelle aus Kohelet, die litaneiartig die These koloriert: »Alles hat seine Stunde. Für jedes Geschehen unter dem Himmel gibt es eine bestimmte Zeit« (Koh 3,1). Und dann beginnt: »Eine Zeit zum Gebären und eine Zeit zum Sterben« (Koh 3,2). In 14 Gegensatzpaaren wird die Zeit charakterisiert. Zum Schluss: »Eine Zeit zum Lieben und eine Zeit zum Hassen, eine Zeit für den Krieg und eine Zeit für den Frieden (Koh 3,8).

Solche Texte sind es, die zu einer Art Wiederentdeckung des Buches Kohelet geführt haben. Sein Verfasser stellt Fragen, die sich eher am Rand des biblischen Glaubens bewegen. Er stellt viele Sicherheiten des bisherigen Glaubens in Frage, und er fragt immer wieder, ob sich in diesem Leben ein Sinn finden lässt. Kohelet scheint die Behauptung zu bestätigen, dass in die Bibel als einzigem Dokument einer Religion Texte Eingang gefunden haben, die sich selbstkritisch mit dem Glauben und seiner Praxis beschäftigen.

DIE BIBEL – EIN BUCH AUS BÜCHERN

Unser deutsches Wort »Bibel« ist eine Eindeutschung des griechischen *biblia*, das eine Mehrzahl von Büchern bezeichnet, also eigentlich eine ganze Bibliothek mit unterschiedlichsten Texten. Fast 1500 Jahre lang wurde an der Bibel geschrieben. Die ältesten Schichten dürften um das Jahr 1000 vor Christus entstanden sein, die jüngsten kamen Mitte des 2. nachchristlichen Jahrhunderts dazu. Das sollte uns schon zuallererst nachdenklich machen. Wir Menschen des 21. Jahrhunderts lesen diese Texte mit unserem modernen Wissen und vor unserem Hintergrund. Sie wurden aber nicht für uns verfasst, sondern für die Leser zu ihrer Zeit und für ihren Kulturkreis. Um sie also richtig zu verstehen, muss man versuchen, sich das frühere Leben der Menschen, ihre Ansichten und Kenntnisse bewusst zu machen. Dies kann uns immer nur unvollständig gelingen. Ein Rest von Fremdheit wird bleiben.

Es hat Jahrhunderte gedauert, bis sich eine Liste von Schriften herauskristallisiert hat, die verbindlich zur Bibel gehören. Diese Liste nennt man den Kanon, Schriften, die dazugehören, sind kanonische Schriften. Dabei unterscheiden sich diese Listen bei Juden, Katholiken, Orthodoxen und den Christen der evangelischen Tradition noch einmal in einigen Punkten. Vor allem beim jüdischen Kanon kann man nicht mit Sicherheit die Kriterien benennen, die zur Kanonisierung geführt haben. Die Bücher der Weisheit, zu denen auch Kohelet gehört, waren oft bloße Lehr- oder Schulbücher, die zum Bestand einer ordentlich geführten Synagoge oder des Tempels in Jerusalem gehörten. Mit ihrer Hilfe lernte man die hebräische Sprache und gleichzeitig die kulturellen Traditionen des eigenen Volkes und seiner Religion.

Die christliche Bibel wird in zwei Hauptteile unterteilt, das sogenannte Alte und das Neue Testament. Schon allein diese Bezeichnungen verführen zu Fehleinschätzungen. Altes verbinden wir mit Veraltetem, Vergangenem, nicht mehr zu Gebrauchendem. Deshalb neigen zeitgenössische Theologen eher zu der Bezeichnung: Erstes und Zweites Testament. Das Zweite bezieht sich auf das Erste und baut auf ihm auf. Auch das Wort »Testament« ruft in uns modernen Menschen andere Bezüge und Bilder auf, als es im Lateinischen und noch ursprünglicher im Griechischen aussagen wollte. Wir verbinden damit den Zusammenhang von Tod, Erbe und Hinterlassenschaft. Die griechische Vokabel ist wiederum eine Übersetzung des hebräischen Wortes für den »Bund« zwischen Gott und den Menschen, die auch die Bedeutung »Verfügung« haben kann. Das wurde dann zum lateinischen *testamentum*. Dieses Wort schillert also zwischen diesen verschiedenen Inhalten: Bund zwischen Gott und Mensch und seine letztgültigen Verfügungen, was eigentlich ganz spannend sein kann.

Beide Teile der Bibel setzen sich wiederum aus verschiedensten weiteren »Büchern« zusammen. Die Bibel besteht nach katholischer Zählung aus 73 Schriften: 46 Schriften gehören zum Alten Testament, 27 Schriften zum Neuen Testament.

Zum Alten oder Erste Testament, das wir in den meisten Teilen mit den Juden gemeinsam haben, gehören traditionellerweise drei Typen von Texten: die Geschichtsbücher, beginnend mit den fünf Büchern Mose, die Propheten und dazwischen die Weisheitsbücher. Ihr großes Thema ist die Geschichte des Volkes Israel und die Entwicklung seines Glaubens an den einen und einzigen Gott seiner Väter. Die Bücher der Geschichte erzählen

einen bunten Strauß überlieferter Sagen, Legenden und Erinnerungen, die – kunstvoll komponiert – einen einzigen Strang der Volkwerdung durch die Erwählung Gottes erzählen. Die Prophetenbücher erinnern gerade in schwierigen Zeiten und Situationen immer wieder vehement an diese Zusammengehörigkeit Israels mit seinem Gott. Und die Bücher der Weisheit bieten, wie schon der Name besagt, konkrete Weisheiten zur Lebenshilfe gerade, wenn der Glaube Israels durch die benachbarten Völker und Kulturen infrage gestellt und angefochten war.
Vom Neuen Testament kennen wir vier verschiedene Texttypen: Evangelien, Briefe von Aposteln und deren Schülern, die Apostelgeschichte und die Offenbarung des Johannes am Schluss der Bibel. Das große Thema des Neuen Testaments sind das Leben und die Lehre des Jesus von Nazaret.
Verbunden sind beide Teile der Bibel dadurch, dass Jesus und mit ihm seine ersten Jüngerinnen und Jünger selbst zum Volk der Juden gehörten und damit auch den Glauben an seinen Gott teilten und ihn sogar für alle Menschen zugänglich machten, auch für die, die nicht jüdischen Ursprungs waren. Es ist derselbe Gott, den Juden und Christen verehren, daher bildet das Alte Testament den ersten Teil auch der christlichen Bibel.

KOHELET

Das Buch Kohelet gehört zu den Weisheitsbüchern. Es geht also um konkrete Lebenshilfe, die dort dargestellt wird. Lebenshilfe, wie oben schon beschrieben, für die Leser bzw. Hörer, die zur Zeit der Abfassung die Adressaten des Verfassers waren. Damit sind wir schon bei den beiden ersten Fragen. Zu welcher Zeit wurde Kohelet geschrieben und wer war der Verfasser?

Abfassungszeit

Im siebten Kapitel gibt es drei Verse, die aus einem altbabylonischen Text, dem sogenannten Gilgamesch-Epos, übernommen sein könnten. Dieses älteste in seiner Gänze überlieferte Gedicht der Kultur des Zweistromlandes ist wahrscheinlich schon in der ersten Hälfte des zweiten Jahrtausends vor Christus entstanden. Die Sintflut-Geschichte des ersten Buches Mose wird in diesem Epos zum ersten Mal erzählt. Die betreffenden Verse in unserem Zusammenhang lauten: »Iss freudig dein Brot, und trink vergnügt deinen Wein, denn das, was du tust, hat Gott längst so festgelegt, wie es ihm gefiel. Trag jederzeit frische Kleider, und nie fehle duftendes Öl auf deinem Haupt. Mit einer Frau, die du liebst, genieße das Leben alle Tage deines Lebens voll Windhauch, die er dir unter der Sonne geschenkt hat, alle Tage voll Windhauch. Denn das ist dein Anteil am Leben und an dem Besitz, für den du dich unter der Sonne anstrengst« (Koh 9,7–9).
Diese und ähnliche Textstellen finden sich im gesamten Alten Orient. Mit solchen Versen wurde bei Festgelagen zum Lebensgenuss aufgefordert. Die Götterschenkin im Gilgamesch-Gedicht und die Harfnerlieder an den Wänden der ägyptischen Grabkammern bieten parallele Formulierungen. So kam es zu einer sehr frühen Datierung des Buches Kohelet.
Aber der Gedankengang war im griechischen Raum auch in andere Texte eingedrungen, vor allem auch in solche der alltäglichen Lebenshilfe, die, wie heute, von praktischen Philosophen verbreitet wurden. Für eine Bestimmung der Entstehungszeit

von Kohelet wegweisender sind daher der Sprachcharakter und die Charakterisierung der Adressaten, die angesprochen werden. Kohelet ist wie die meisten Bücher des Alten Testamentes ursprünglich im Hebräischen abgefasst worden. Hebräisch war ab dem 2. Jahrhundert nach Christus eine reine Sakralsprache. Ähnlich wie unser Kirchenlatein oder das klassische Griechisch eines Homer oder Platon, wurde es von Angehörigen der gebildeten Schichten, von Geistlichen und Wissenschaftlern verwendet. Das Volk im Nahen Osten sprach das dem Hebräischen sehr ähnliche Aramäisch, das auch die Sprache Jesu war. Die Sprache des Buches Kohelet ist ein sehr spätes Hebräisch, ähnlich dem Hebräischen, in dem die Lehrtraktate der Rabbiner, die Mischna und der Talmud, mündlich überliefert und dann schriftlich fixiert wurden. Dieses späte Hebräisch hat Anregungen und Formulierungen aus dem Aramäischen und dem Griechischen übernommen.

Es gibt noch einen Hinweis auf die Abfassungszeit: Ein weiterer Bibeltext der Weisheitsliteratur, das Buch Jesus Sirach, setzt das Buch Kohelet voraus. Als Abfassungszeitraum des Sirach-Buches gelten die Jahre von 180 bis 175 vor Christus. Die Themen, die Kohelet anspricht, verweisen auf die Zeit der ptolemäischen Könige des 3. Jahrhunderts vor Christus. Ptolemaios war einer der Generäle Alexanders des Großen. Nach dessen Tod beanspruchte er die Königswürde über Ägypten, das Alexander schon 332 erobert hatte. Der kleine Küstenstreifen am Ostrand des Mittelmeeres, der seit dem 2. Jahrhundert vor Christus als Palästina bezeichnet wurde, gehörte zu Ägypten. Es lag an der Grenze zum Reich der Seleukiden im Osten, einer anderen makedonischen Nachfolgerdynastie Alexanders, die es auch zeitweise eroberten.

Die Zeit zwischen der Herrschaft Alexanders des Großen und der Eroberung des Mittelmeerraumes und des Orients durch die Römer wird als Zeit des Hellenismus bezeichnet. Hellenismus bedeutet »Nachahmung der griechischen Lebensweise«. Es ist von »Hellenen«, der Eigenbezeichnung der Griechen, abgeleitet.

Abfassungsort

Die hellenistische Kultur beeinflusste besonders das Leben in den Städten. Die Orte im Landesinneren behielten dagegen weitestgehend ihren semitischen Charakter. Obwohl die ptolemäische Besatzungsmacht hohe Steuern erhob, fand eine zügellose Ausbeutung oder Versklavung der Einheimischen nicht statt. Der kleine Tempelstaat Judäa hatte weitgehende Selbstverwaltung gegenüber der Hauptstadt Alexandria. Der oberste Priester am Tempel von Jerusalem, der »Hohepriester«, war zugleich die oberste politische Autorität unter dem jeweiligen hellenistischen König. Die Oberschicht im ganzen Reich war griechisch oder war dabei, griechische Lebensart zu übernehmen. Dies galt auch für die führenden Familien von Jerusalem. Man sprach griechisch und ließ seine Kinder griechisch erziehen. Neben der hebräischen Schule am Tempel etablierte sich eine griechische Elementarschule. Hier lernte man die Sprache anhand der Lektüre von Homers Ilias und Odyssee, dort las man das Buch der Sprichwörter und die fünf Bücher Mose. Die Konkurrenz der Bildungssysteme war nur *ein* Zeichen für eine viel tiefere Auseinandersetzung zweier Kulturen.

Ein anderes Zeichen war wirtschaftlicher Natur. Die Ptolemäer verpachteten die Steuereintreibung an einheimische Familien. Durch dieses System entstand allmählich eine immer größer werdende Kluft zwischen der armen, geknechteten Landbevölkerung und den sich unglaublich bereichernden hochgestiegenen Familien und der höheren Priesterschaft. Im fünften Kapitel des Kohelet-Buches wird darüber geklagt: »Wenn du beobachtest, dass in der Provinz die Armen ausgebeutet und Gericht und Gerechtigkeit nicht gewährt werden, dann wundere dich nicht über solche Vorgänge: Ein Mächtiger deckt den andern, hinter beiden stehen noch Mächtigere, und es ist auf jeden Fall ein Vorteil für das Land, wenn das bebaute Feld einem König untersteht« (Koh 5,7f). Die alte »Weisheit« Israels, wie sie etwa im Buch der Sprichwörter, gleichsam einem elementaren Schulbuch, zu finden war, griff nicht mehr. Wie die Thora, die fünf Bücher Mose, waren sie auf eine überschaubare, bäuerlich-kleinstädtische Gesellschaft hin formuliert. Vieles dort Definierte gab es nicht mehr. »Ihren Klugheitsregeln zu folgen, konnte jetzt oft unklug sein« (Norbert Lohfink). In dieser Situation lag es nahe, hellenistische Lebensweisheit nicht nur als Konkurrenz zum Althergebrachten anzusehen, sondern auch als Hilfsangebot zur Bewältigung der spürbaren Sinnkrise.

HELLENISMUS – DER KULTURELLE RAUM DER ANTIKEN WELT

Das Buch Kohelet muss man deshalb verstehen als einen Versuch, so viel wie möglich aus dem griechischen Denken zu übernehmen, ohne jedoch die alte Weisheit Israels, ja des ganzen Orients aufgeben zu müssen. Sie bildet den Hintergrund für den Verfasser Kohelet, der trotzdem von der neuen Wirklichkeit des Hellenismus und der griechischen Bildung her spricht. Damals wurden die Marktplätze von Wanderphilosophen beherrscht, welche die modernen Denkströmungen auf populäre Weise unters Volk brachten. Dies waren die fünf philosophischen Schulen der Kyniker, Kyrenaiker, Skeptiker, des Epikur und der Stoa.

Das große gemeinsame Thema der hellenistischen Philosophie ist die Frage nach dem Glück. Wie kann der Mensch ein glückliches, wir Heutigen würden sagen, ein glückendes, gelingendes Leben führen? Auf diese Frage, ausgehend von der Weisheit des Altvaters der »Weisheitsfreunde«, Sokrates, geben die verschiedenen Richtungen ihre Antworten. Dabei geht es nicht so sehr um Theorie, sondern um konkrete Lebensweisen. Daher sind die Beispiele der je eigenen Lebensformen genauso wichtig wie ihre Lehren.

Im Hellenismus vollzieht sich eine grundlegende Veränderung der bisher geltenden Suche nach dem Glück, dem höchsten Gut der alten Philosophen. Ganz früh bedeutete Glück nichts anderes als das äußere Wohlergehen: Reichtum, Schönheit, Macht und dergleichen. Aber schon Platon und Aristoteles vertraten demgegenüber einen verinnerlichten Glücksbegriff. Sie werden nicht müde zu betonen, dass es nicht auf die äußeren Vorzüge ankomme, sondern auf die inneren. Dabei ist Glückhaben aber nicht ein subjektives Gefühl, sondern die Erfüllung der vorgegebenen und durch die Vernunft erkennbaren Ordnung der Welt. Das Glück ist also ein objektiver Zustand, der durch jeden anderen kontrollierbar ist. Menschliches Glück ist eingebettet in das Wohl und Gedeihen der menschlichen Gemeinschaft, die sich in der überschaubaren Welt der Stadtstaaten erleben lässt.

Die Eroberung eines Weltreiches durch Alexander den Großen, das bis an die Grenze Indiens ausgriff, erweiterte den Horizont der Griechen, machte aber gleichzeitig bewusst, dass die demokratische Mitwirkung an der Stadtpolitik nur eine sehr lokal begrenzte Beteiligung an der Macht war. Die eigentlichen Entscheidungen wurden in den jeweiligen königlichen Residenzen gefällt. Dies führte in einer Art Gegenbewegung zur Individualisierung des Glücksstrebens. Der Mensch verstand sich nun als individuelles Wesen, es ging um das Heil des einzelnen Menschen, der sich in der größer gewordenen Welt zurechtfinden musste. Der römische Philosoph Seneca drückt dieses Lebensgefühl mit den Worten eines Dichters aus: »Niemand ist glücklich, der sich nicht selbst dafür hält.«

DIE ANTIKEN PHILOSOPHENSCHULEN

Die Kyniker als eine der ältesten Schulen beziehen ihre Weisheit vor allem aus den Anekdoten, die über ihre Lehrer kursieren. Der berühmteste Kyniker ist wohl Diogenes von Sinope. Wir kennen ihn als Diogenes in der Tonne. Als Alexander der Große ihn besuchte und ihn fragte, was er für ihn tun könne, soll er nur gebeten haben: »Geh mir aus der Sonne.« Der Name der Schule wird oft vom griechischen Wort für Hund (kyon) abgeleitet, ein Beiname, den Diogenes führte. Die Kyniker lehrten, dass nur der glücklich werden könne, der allein nach Tugend strebe. Dies beinhaltete, ein asketisches Leben zu führen und auf alle Annehmlichkeiten zu verzichten. Der Ranzen des Bettlers wurde zum Symbol für das wahre Leben. Die Kyniker wollten durch ihre Lebensweise provozieren und scheuten weder Skandale noch menschenverachtenden Witz, um ihren Weg zum Glück zu propagieren. Heute noch verbinden wir damit das Wort Zynismus.

Die Kyrenaiker bilden die am wenigsten bekannte der fünf Schulen. Nach ihnen sind die Eigenschaften gut und schlecht nur in den Empfindungen zu finden. Gute Empfindungen sind gleichbedeutend mit lustvollen und schlechte mit schmerzlichen. Das Gute ist für die Kyrenaiker also die lustvolle Empfindung, das Schlechte die schmerzvolle Empfindung. Eine Bestätigung dessen sei, dass »die Lust allen Lebewesen erwünscht ist, der Schmerz dagegen zurückgewiesen wird«. Das höchste Gut und das »Ziel all unseren Tuns« ist demnach die Lust, das größte Übel der Schmerz. Sie sind damit Vorläufer des späteren Epikureismus.

Auch Epikur betreibt Philosophie über die Begriffe von Lust und Unlust. Wobei bei ihm Lust vor allem Freiheit von Schmerz und Angst bedeutet. Epikur wird oft mit dem Hedonismus in Verbindung gebracht, einer Haltung, die allein das lustvolle Leben genießen will. Das ist eine Verzerrung seiner Lehre. Es geht ihm um Genügsamkeit. Darin findet man die wahre Lust, wenn man nicht mehr erstrebt als einem guttut. Er will den Menschen die zwei Grundängste nehmen. Diese sind die Angst vor dem Tod und vor den Göttern; beiden Mächten sind die Menschen machtlos ausgeliefert. Er lehrt: »Der Tod geht uns nichts an, denn solange wir am Leben sind, ist der Tod nicht da, wenn aber der Tod da ist, sind wir nicht mehr.« Ein zentrales Anliegen Epikurs war sein Kampf gegen die Vorstellung, dass Götter in das Weltgeschehen und insbesondere in die menschlichen Schicksale eingreifen, dass ihr Zorn zu fürchten ist und sie daher durch Opfer und Gebete beeinflusst werden müssen. Sein Ansatz, die Gottesfurcht zu überwinden: Die Götter lebten in der ewigen Glück-

seligkeit, hätten weder selbst Unannehmlichkeiten noch bereiteten sie anderen welche. Sie hätten weder mit Zornesausbrüchen noch mit Gunsterweisen etwas zu schaffen. Dies seien Zeichen der Schwäche. Die Götter ließen die Menschen in Ruhe und wollten selbst in Ruhe gelassen werden. Wer also diese Ängste überwindet und den Weg zur genügsamen Lust gefunden hat, dem wird das höchste Gut, die Seelenruhe, zuteil.
Kohelet greift ein Motiv Epikurs ausdrücklich auf, die beim Dichter Horaz zu lesende Aufforderung: »Carpe diem – Genieße den Tag«! Es handelt sich um Kohelet Kapitel 9, Vers 7: »Iss freudig dein Brot und trink vergnügt deinen Wein.« Es ist die Stelle, die man auch schon bei Gilgamesch hätte finden können.

Die heute noch am meisten nachwirkende Philosophenschule des Hellenismus ist die Stoa, benannt nach der Athener Säulenhalle, in der sich ihre Vertreter trafen und diskutierten. Auch ihnen ging es um die Seelenruhe, die sie aber, anders als Epikur, nur im vernünftigen Abwägen und Handeln fanden. Die Gefühle, Affekte, wie sie die Stoiker nennen, müssen beherrscht werden. Die Affekte führen dazu, dass die Werturteile über die Dinge, die wir wahrnehmen, verfälscht werden. Nicht die Dinge selbst beunruhigen die Menschen, sondern ihre Meinungen und Urteile über die Dinge, schreibt Epiktet, ein später Vertreter dieser Schule. »Sei doch vernünftig!« mahnen noch wir Heutigen, wenn jemand sich zu sehr von seinen Gefühlen leiten lässt. Und wir bezeichnen einen Menschen, der sich möglichst frei von seinen Affekten der ruhigen Betrachtung der Welt hingibt, als Stoiker. Der Stoizismus forderte ein tugendhaftes Leben. Dieses führe zu einem glücklichen Leben.

Die Skepsis war die fünfte der großen Schulen. Ihr Gründer Pyrrhon ging davon aus, dass völlig unerkennbar sei, wie die Dinge für sich sind. Daher müsse man darauf verzichten, eigene Beobachtungen als für alle gültiges Wissen bzw. als objektive Urteile auszugeben. Der Skeptizismus ist nicht auf eine Aussage darüber festgelegt, ob es etwas Wahres gibt; Skeptizisten machen nur Aussagen über die verschiedenen Aspekte einer Sache, über die nachgedacht wird. Auch die Skeptiker der Antike bekannten sich zu dem Ziel, die Seelenruhe zu erlangen; sie meinten, man könne sie durch die skeptische Distanz zur unerkennbaren Wirklichkeit erreichen, da auch alles, was ein Begehren und damit seelische Unruhe auslösen könnte, der Ungewissheit unterliege. In unserer modernen Ausdrucksweise ist ein Skeptiker ein Zweifler. Der antike Skeptiker zweifelte an der Fähigkeit der Menschen, überhaupt etwas als gesichert zu erkennen.

Mit dieser Gedankenwelt war der Verfasser des Kohelet-Buches konfrontiert. Sie war Problem für die traditionelle Lebensweise in Palästina, aber zugleich auch die Lösung dieses Problems. Beides finden wir bei Kohelet.

WER WAR KOHELET?

Wer war dieser Mensch, der mit dem Namen Kohelet bezeichnet wird? Traditionell wurde das Werk dem König Salomo (vermutlich 10. Jahrhundert vor Christus) zugeschrieben, der unter Davids Söhnen allein als Autor literarischer Werke genannt ist. Außerdem sagt die Gestalt, die im Buch als »Ich« spricht, von sich, auch sie sei in Jerusalem König über Israel gewesen

(Koh 1,12). Damit schien nur Salomo in Frage zu kommen, der wegen seiner Weisheit berühmt war und dem man auch andere Werke der biblischen Weisheitsliteratur zugeschrieben hat: das Buch der Weisheit, das Buch der Sprichwörter sowie etliche Psalmen.

Martin Luther übersetzte den Namen Kohelet mit dem Wort »Prediger« und gab dem Buch in seiner Ausgabe des Alten Testaments den Titel »Der Prediger Salomo«.

Die heutigen Exegeten setzen die Entstehungszeit viel später an und fragen kritischer. Das ganze Buch wird ja nicht als von einem Mann namens Kohelet geschrieben präsentiert, es werden nur seine Worte präsentiert. Handelt es sich überhaupt um eine historische Person? Oder ist er eine erfundene Philosophengestalt? Das Buch Kohelet hat zwei kurze Nachworte, die von anderen Verfassern angefügt wurden. Das erste Nachwort scheint sich auf Fakten zu stützen. Damit erhöht sich die Wahrscheinlichkeit, dass es Kohelet wirklich gegeben hat. Aber das dürfte nicht sein wirklicher Name gewesen sein, eher ein Deckname oder sogar Spitzname, was damals durchaus üblich war. Das hebräische Wort, das dem Namen zugrunde liegt, *qahal*, ist die Bezeichnung für Versammlung. Kohelet wäre demnach, übersetzt, der Versammler oder Versammlungsleiter. Da im ganzen Buch Kohelet weder eine politische Volksversammlung noch eine religiöse Kultversammlung erwähnt wird, erhebt sich die Frage, welche Versammlung Kohelet geleitet haben könnte. Das griechische Wort, das dem *qahal* entspricht, ist *ekklesia*. Im Lateinischen wird später daraus *ecclesia*, die Bezeichnung für die christliche Gemeinde, die sich als Sammlung der Gläubigen versteht. Wie das deutsche Wort »Kirche« bezeichnet auch das lateinische zugleich den Versammlungsort, das Gebäude. Die Gemeinde des Kohelet könnte also ein philosophischer Zirkel oder gar eine eigene Philosophenschule wie in den übrigen hellenistischen Gebieten gewesen sein. Wahrscheinlich aber war er ein Wanderphilosoph, der auf dem Marktplatz öffentlich seine Lehre vorgetragen hat.

AUFBAU UND INHALT

Nun zum Bau und Inhalt des Buches Kohelet. Aufgrund der Entstehungszeit und der Absicht, traditionelle israelitische Weisheitslehre und modernes griechisches Glücksstreben zu verbinden, ist eine Mischung zweier Darlegungsformen zu erwarten. Die hellenistischen Philosophen entwickelten eine Art Predigtstil, den man Diatribe nennt. Es handelt sich um eine moralphilosophischer Rede, die sich in lockerem, oft volkstümlichem Ton an ein breites Laienpublikum wendet, um es durch unterhaltsame Belehrung zu erziehen. Der Redner in Kohelet entwickelt in Anlehnung an den Aufbau dieser Philosophenpredigt eine ausgesprochene Dynamik in der Darstellung seiner Anliegen. Nach einigen provozierenden Aussagen nach Art der Kyniker kommt er relativ zügig zu seiner Hauptthese, die er dann vertieft, sie gegen Einwände verteidigt und schließlich in die Lebenspraxis verlängert. Als Hauptthese der Diatribe erscheint in dieser Betrachtungsweise die Bedingtheit des Menschen, seines Strebens nach Glück, seiner Bildung und seines Besitzes – im Gegenüber zur Vollkommenheit des Handelns Gottes und dessen Undurchschaubarkeit:

»Jetzt erkannte ich: Alles, was Gott tut, geschieht in Ewigkeit. Man kann nichts hinzufügen und nichts abschneiden, und Gott hat bewirkt, dass die Menschen ihn fürchten. Was auch immer geschehen ist, war schon vorher da, und was geschehen soll, ist schon geschehen, und Gott wird das Verjagte wieder suchen« (Koh 3,14f).

Genial ist Kohelet darin, dass er auch einen anderen Aufbau seiner Gedankengänge zeigt, der ganz der traditionellen semitischen Art der Darstellung folgt. Es ist ein Bild der Symmetrie, das uns durch das Buch leitet. Es wird eingerahmt vom bekannten Vanitas-Spruch des Beginns, der am Schluss wiederkehrt: »Windhauch, Windhauch, sagte Kohelet, das ist alles Windhauch.«

Dann folgt eine kurze Darstellung des immer wiederkehrenden Weltenlaufs. Die Sonne geht auf und unter, der Wind dreht, das Wasser der Flüsse fließt ins Meer und kehrt zurück zu den Quellen: »Es gibt nichts Neues unter der Sonne« (Koh 1,9).

Dem entspricht vor dem Ende des Buches eine Zusammenfassung ethischer Ratschläge des Verfassers angesichts der Unberechenbarkeit der Zukunft: »Denn selbst wenn ein Mensch viele Jahre zu leben hat, freue er sich in dieser ganzen Zeit und er denke zugleich an die dunklen Tage: Auch sie werden viele sein. Alles, was kommt, ist Windhauch« (Koh 11,8).

Nach dem Bild des ewig sich wiederholenden Kreislaufs des Kosmos folgt eine Schilderung des menschlichen Lebens, die in der Frage gipfelt: »Was erhält der Mensch dann durch seinen ganzen Besitz und durch das Gespinst seines Geistes, für die er sich unter der Sonne anstrengt?« (Koh 2,22). Kohelet beantwortet die Frage gleich selbst: »Alle Tage besteht sein Geschäft nur aus Sorge und

Ärger, und selbst in der Nacht kommt sein Geist nicht zur Ruhe. Auch das ist Windhauch« (Koh 2,23).

Symmetrisch dazu ist in der zweiten Hälfte des Buches eine kritische Überprüfung der alten Weisheiten eingefügt. Ein Beispiel, das mahnt, nicht am Althergebrachten zu hängen, sondern es an der eigenen Erfahrung zu messen: »Besser der Ausgang einer Sache als ihr Anfang. Doch frag nicht: Wie kommt es, dass die früheren Zeiten besser waren als unsere? Denn deine Frage zeugt nicht von Wissen« (Koh 7,8.19).

Jetzt folgt ein großer Block von gesellschaftskritischen Anmerkungen zu verschiedenen Themen wie Reichtum und Armut, Ungerechtigkeit bei Gericht, Ausbeutung und Unterdrückung. Immer wieder zieht Kohelet das Fazit: »Aber auch das ist alles Windhauch.«

In der Mitte dieses mittleren Blocks kommt es zum Höhepunkt der traditionellen Mahnrede Kohelets, einer Art Kritik der religiösen Praxis: »Zügle deinen Schritt, wenn du zum Tempel gehst. Tritt ein, um zuzuhören, und nicht, wie die Ungebildeten, um Opfer abzugeben« (Koh 4,17).

»Sei nicht zu schnell mit dem Mund, ja selbst fiebere nicht, vor Gott das Wort zu ergreifen. Gott ist im Himmel, du bist auf der Erde, also mach wenig Worte!« (Koh 5,1). Sie erinnert in ihrer Art an die oft wiederholte Kritik in Texten des Alten Testaments an der religiösen Einstellung der sich fromm gebenden Opfernden: »Hat der Herr an Brandopfern und Schlachtopfern das gleiche Gefallen wie am Hören auf die Stimme des Herrn? Wahrhaftig, Hören ist besser als Opfer, Hinhören besser als das Fett von Widdern« (1 Samuel 15,22).

Hier geht es um Religionsausübung, es geht um Gottesfurcht, der Leser wird direkt mit »Du« angesprochen.

Mittels dieser beiden ineinander verflochtenen Schemata legt Kohelet seine Lehre dar. Nach den rahmenden Einleitungssätzen entwirft er zunächst eine Szenerie des Kosmos. Die Erde steht fest wie eine Bühne, auf und über ihr kreisen die übrigen Elemente der Welt in ewiger Wiederkehr. Der Mensch verleiht mit seiner Erkenntnis und Sprache der Welt erst ihren Sinn, aber er kann die Fülle der Welt nicht erfassen. Hier folgt logischerweise eine Lehre vom Menschen.
Der Verfasser versetzt sich fiktiv in die höchste menschliche Möglichkeit, in die Gestalt eines gebildeten, vermögenden, das Leben genießenden Herrschers. Ganz im Sinn klassischer Philosophie erfährt dieser: Das Glück ist machbar. Aus dieser Position heraus fragt er nach dem Sinn des Lebens. Da zeigt sich der jedem drohende Tod. So erweist sich alles menschliche Sinnen und Trachten wieder nur als Windhauch. Das Glück selbst ist als Gabe schon von Gott dem Menschen vorgegeben, er kann es nicht hervorbringen, sondern das Schicksal nur in Gottesfurcht annehmen.
Daran anschließend nimmt Kohelet das Umfeld der Menschen, wie es ist, in den Blick. Die Übel der Welt werden anhand ausgewählter Beispiele kritisiert: Korruption des Gerichts- und Beamtenwesens, Ausbeutung der unteren Gesellschaftsschichten, Konkurrenzkampf in den vermögenden Kreisen, geschäftlicher Ruin, Absturz in das Sklavendasein. Nun nimmt Kohelet die bisher von der Tradition seines Volkes angebotenen Spruchweisheiten ins Visier. Ist ihre Erklärung für den erlebten Zusam-

menhang von Tun und Ergehen weiterhin hilfreich? Als übliche Erklärung galt: Gutes Handeln führt zu Glück und langem Leben, schlechtes zu Unglück und frühem Tod. Kohelet setzt dagegen: Die erlebbaren Fakten sind anders. Dem Menschen bleibt nichts anderes übrig, als im jeweiligen Augenblick zu leben und das Gute und Böse aus der Hand Gottes anzunehmen, bis der Tod kommt und alles beendet. Nach dem Tod gibt es nichts mehr. Allein die Gottesfurcht kann den Menschen dabei leiten, aus dem Angebot von Verhaltensregeln für das Diesseits, auf das er geworfen ist, die richtigen auszuwählen. Führen sie zur Lebensfreude, soll er diese in vollen Zügen genießen und tatkräftig das als richtig Erkannte umsetzen.

Der Individualismus als Kennzeichen der hellenistischen Welt führt zu einer individuellen Ethik. Die politische und gesellschaftliche Führungsschicht wird nicht mehr von sachlicher Kompetenz bestimmt, die Zentren der Entscheidung sind in weite geografische Ferne gerückt. Mitte und Höhepunkt des Buches sind einige wenige Ratschläge, die das religiöse Leben betreffen: Besser als oberflächlich dargebrachte Opfer im Tempel ist das Hören auf Gottes Wort. Kurz, intensiv und aufrichtig sei das Gebet. Lieber keine Gelübde ablegen als die gegebenen Versprechen gegenüber Gott nicht einzuhalten.

DAS THEMA DES KOHELET-BUCHES – VERSCHIEDENE ASPEKTE

Nach dieser kurzen Zusammenfassung des Inhalts kann man sich der Frage nähern: Welches Thema behandelt das Buch

Kohelet? Gibt es überhaupt ein einziges, alles umfassende Thema, oder sind es mehrere beziehungslos nebeneinander gestellten Themen?

Das Glück

Im Zentrum steht eindeutig die damals modern klingende Frage nach der Möglichkeit des Glücks und den dafür gegebenen Bedingungen. Noch einmal kurz erklärt: Glück bedeutet ein insgesamt glückliches Leben oder, wie wir Heutigen vielleicht sagen würden, ein ausgeglichenes, in sich ruhendes Leben in Balance, ohne extreme psychische Ausschläge nach oben oder unten. Kohelet betont, wie die hellenistischen Philosophenschulen, die Möglichkeit, Glück in diesem Leben zu erfahren, allerdings im Gegensatz zu ihnen nicht als eigene Anstrengung, sondern als Gabe Gottes. Dies erzeugt eine interessante Spannung zwischen der Machbarkeit von Glück und seiner Unverfügbarkeit. Glück wird bei Kohelet mit verschiedenen Worten ausgedrückt: Gutes, sich freuen, Freude, essen und trinken, sich Glück verschaffen, Glück kennenlernen usw. So werden gleichzeitig auch die verschiedenen Aspekte von Glück aufgezeigt. In kleinen Erzähleinheiten wird das Thema bildhaft entfaltet. Am eindringlichsten in der Darstellung seiner eigenen Entwicklung in der fiktiven Gestalt des Königs, der erzählt, wie Glück zu finden oder nicht zu finden ist. Es werden verbreitete Glücksvorstellungen vorgestellt und kritisch hinterfragt, um den Weg zum »wahren Glück« zu finden. Dieses wahre Glück ist eine das ganze Leben durchziehende Haltung der Freude, die von Gott her kommt und sich von einer Haltung des Habens und Besitzens abhebt.

Windhauch

Begleitet und gleichsam umspielt wird das Glücksthema vom Wort »Windhauch«, das wie ein Leitwort immer wieder auftaucht. Auch wenn es gleich zu Beginn heißt: »Alles ist Windhauch«, so lässt sich diese Aussage doch konkretisieren und einschränken: Der Windhauch-Spruch relativiert und bewertet menschliche Werte und Güter, er weist fremde Ansichten zurück und dient als Bild für Vergänglichkeit. Da dieses Wort sonst in der Bibel kaum vorkommt, meint man, es sei auf den Einfluss der griechischen Wanderphilosophen zurückzuführen. Einer der Kyniker, ein gewisser Monimos, soll gesagt haben: Alles, was existiert, sei bloßer Dunst. Wie diese Philosophen kommt auch Kohelet zu dem Schluss: Das Glück ist nicht mit dem Besitz von Werten und Gütern identisch. Diese Dinge sind unverfügbar, daher muss sie der Mensch, um glücklich zu werden, entwerten. Damit ist Glück herstellbar. Und darin unterscheidet sich nun Kohelet: Für ihn ist Glück eine Gabe Gottes und damit selbst unverfügbar. Windhauch ist es, so meint er, das Glück im Menschen zu gründen: »Ich habe vielmehr beobachtet, dass dies von Gottes Verfügung abhängt« (Koh 2,24).

Gott

Damit sind wir beim dritten thematischen Stichwort: Gott. Im Vergleich mit anderen biblischen Büchern spricht Kohelet auffällig oft von einem Gott, dessen Tun die Menschen nicht vollkommen durchschauen können. Damit soll ein allzu sicheres Wissen um diesen Gott hinterfragt werden. Gott ist nicht das, was sich die Menschen unter Gott vorstellen. Sein Tun durchbricht die menschlichen Kategorien von gerecht und ungerecht.

Kohelet provoziert: »Gott ist es, der den Unschuldigen wie den Schuldigen verurteilt. Denn eine bestimmte Zeit für jedes Geschehen und jedes Tun gibt es auch dort« (Koh 3,17). Kohelet wendet sich gegen die traditionelle Weisheit, die über Gott alles zu wissen glaubt, und betont damit den Geheimnischarakter Gottes. Gott ist dem Menschen nicht verfügbar. Aber Gott ist bei Kohelet nicht ein Willkürgott, dem der Mensch gnadenlos ausgeliefert ist. Seine Botschaft lautet: Freue dich und denke an deinen Schöpfer. Dieser schenkt dem Menschen das Glück und die Freude des Herzens.

Ein uns heute fremd gewordener Begriff ist die Gottesfurcht, die der Mensch haben soll. Sie ist kurz gefasst so zu verstehen: »Fürchte Gott und achte auf seine Gebote« (Koh 12,13). Die Gebote sind nicht nur Gottes Gebote, die wir als die Zehn Gebote kennen. Sie sind auch die Gebote, die Kohelet als die »wahren Worte« erarbeitet hat: das Glück ist Gabe Gottes; freudig und tatkräftig handeln; das für den Menschen Unverfügbare annehmen.

SPRÜCHE

Das erste Nachwort charakterisiert Kohelet folgendermaßen: »Er war ein Gelehrter. Außerdem hat er einfachen Leuten Kenntnisse beigebracht. Er hörte zu und prüfte, er hat viele Sprichwörter in Form gebracht« (Koh 12,9). Er hat also auf die Stimme der Tradition gehört, sie anhand eigener Beobachtungen geprüft und die Weisheitssprüche in die von ihm erarbeitete Form gebracht. Das Kohelet-Buch enthält allein 70 Sprichwörter, von denen einige auch in unseren Sprachschatz eingegangen sind:
»Es gibt nichts Neues unter der Sonne« (1,9).

»Ein jegliches hat seine Zeit« (3,1–8).
»Sei nicht zu fromm, und übertreib es nicht mit deiner Weisheit!« (vgl. 7,16).
»Ein lebender Hund ist besser als ein toter Löwe« (9,4).
»Wer andern eine Grube gräbt, fällt selbst hinein« (vgl. 10,8).
»Des Büchermachens ist kein Ende« (12,12).
Diese Sprüche oder Aphorismen sind die von Kohelet in seine neue Form gebrachte Lebensweisheit, mit der er die kleinen Leute belehren wollte, um ihnen Hilfe zu geben in der Unsicherheit ihrer Zeit.

MODERNE EXISTENZPHILOSOPHIE

Warum ist ein biblisches Buch, das im 3. Jahrhundert vor Christus verfasst wurde, denn für uns Menschen des 21. Jahrhunderts so interessant und ansprechend und wird gerade wiederentdeckt? Unser heutiges Denken und Empfinden ist zweifellos beeinflusst von der sogenannten Existenzphilosophie. Dieser modernen und zeitweise modischen philosophischen Strömung ist das Denken Kohelets erstaunlich verwandt.
Der französische Philosoph, Mathematiker und Physiker Blaise Pascal (1623–1662) nahm in seiner Essaysammlung »Pensées« (Gedanken) das vorweg, was später zur Existenzphilosophie werden sollte. Er schreibt vom Elend und der Verlorenheit des Menschen im Leben und stellt die Frage, ob es überhaupt die Möglichkeit gibt, glücklich zu werden und unbeschwert zu leben, ohne ständig in Angst vor Tod, Not und Elend leben zu müssen. Diese »Gedanken« greifen später alle wichtigen Existenzphilosophen auf, und sie bearbeiten sie individuell.

Hieraus erklärt sich auch die Fokussierung eines der wichtigsten Existenzphilosophen, des Franzosen Jean-Paul Sartre, auf die Themen Angst, Tod, Freiheit, Verantwortung und Handeln als elementar menschliche Erfahrungen. Der Mensch versteht sich als in seine Existenz geworfen, ohne gefragt worden zu sein. Er muss seine Existenz annehmen und sie im eigenen Erleben gestalten. Demnach bezieht sich der Existentialismus nicht mehr auf eine göttliche oder kosmologische Ordnung, sondern entwickelt seine Theorie vom Einzelnen aus. Dadurch wird eine religiöse Grundhaltung nicht abgelehnt, sondern der Glaube wird selbst zum existenziellen Erleben, obgleich viele Existenzphilosophen die Existenz Gottes nicht voraussetzen. Sartre selbst war ein bekennender Atheist.
In Begriffen wie »Geworfenheit«, »Selbstentwurf«, »Freiheit und Selbstbestimmung« wird deutlich: Im Zentrum des Existentialismus steht die Befreiung des Menschen zu seinen eigenen Möglichkeiten hin. Dieses Verwiesensein auf die Freiheit des Menschen zeigt sich in den Erfahrungen von Absurdität, Ekel, Angst, Sorge, Tod und Langeweile und macht deutlich, dass gerade dieses subjektive Empfinden das Leben des Menschen bestimmt.
Die Philosophin und langjährige Lebensgefährtin Sartres, Simone de Beauvoir, bringt am Ende des dritten Bandes ihrer Lebenserinnerungen das Grundgefühl des Existentialismus auf den Punkt: *Manchmal ist mir der Gedanke, mich in nichts aufzulösen, genauso abscheulich wie früher. Voller Melancholie denke ich an all die Bücher, die ich geschrieben habe, an das Wissen, das sich angehäuft hat und das nicht mehr da sein wird. Die ganze Musik, die ganze Malerei, die ganze Kultur, so viele Bindungen. Plötzlich bleibt nichts mehr ... Wenn man meine Bücher liest, wird der Leser*

bestenfalls denken: Sie hat aber viel gesehen! Aber dieses einzigartige Ganze, meine persönlichen Erfahrungen, mit ihrer Folgerichtigkeit und ihren Zufällen – das alles wird niemals wieder auferstehen ... Nichts wird stattgefunden haben. Ich sehe die Haselstrauchhecke vor mir, durch die der Wind fuhr, und höre die Versprechungen, mit denen sich mein Herz berauschte, als ich diese Goldmine zu meinen Füßen betrachtete, ein ganzes Leben, das vor mir lag. Sie wurden erfüllt. Aber wenn ich jetzt einen ungläubigen Blick auf dieses leichtgläubige Mädchen werfe, entdecke ich voller Bestürzung, wie sehr ich geprellt worden bin. (Der Lauf der Dinge, Bd. 3, 1963).

Die Entstehungszeit der Existenzphilosophie hat durchaus Parallelen zur Zeit des Hellenismus und konkret der ptolemäischen Herrschaft über Palästina. Im 19. und 20. Jahrhundert haben sich die kleinteiligen Strukturen Europas aufgelöst, große nationale Reiche und Staaten sind entstanden. Die horizontale Klassenbildung ist vorangeschritten, Vereinzelung und Bindungslosigkeit des Individuums in der internationalen und technisierten Welt haben zugenommen. Kohelet machte zu seiner Zeit ähnliche Erfahrungen und fand in der von den Wanderphilosophen gepredigten Ansätzen Hilfe für die Einzelnen in einer nicht mehr überschaubaren Welt. Das Buch Kohelet ist der deutlichste Ort der Begegnung Israels mit griechischer Philosophie innerhalb der Bibel. Mit ihrer Hilfe analysiert er die Existenz der Menschen als ein Dasein im Jetzt und in dieser vom je eigenen Tod begrenzten Zeit. Dieses Dasein ist als Glück erfahrbar, wenn es gelingt, das Leben als Geschenk des vollkommenen, aber undurchschaubaren Gottes anzunehmen.

THEOLOGIE DES KOHELET

Damit unterscheidet sich Kohelet vom normalerweise in Bibel und kirchlicher Verkündigung üblichen Reden von Gott. Bei ihm kommen die klassischen Themen nicht explizit vor: das Handeln Gottes in der Geschichte; die Erwählung des Volkes Israel; Gottes weitersagbarer Wille; die verheißene Zukunft für Israel und die Einzelnen. All diese Erzählungen müssen mit Kohelet vor der Folie seines Entwurfs einer radikal reduzierten Gott-Welt-Beziehung einer kritischen Prüfung unterzogen werden. Deshalb tut sich die Theologie auch immer schon schwer mit diesem Buch. Kohelet wird vorgeworfen, keinen persönlichen, »lieben« Gott zu verkündigen, die menschliche Freiheit zu leugnen, auf den Verlust des Vertrauens zum Leben zu pochen. Durch dieses Buch wird ein hoher Anspruch an das Denken über Gott und die Welt gestellt.

Radikale Diesseitigkeit

Für viele ist sicherlich auch die radikale Diesseitigkeit des Buches Kohelet anstößig. Wenn man allerdings das Alte Testament genau liest, wird man das in den meisten seiner Texte wiederfinden. Es gibt kein Wort über das Weiterleben nach dem Tod. Dieser wird als eine scharfe Grenze dargestellt. Der Tod bleibt das vollständige Ende des in der Zeit gleitenden menschlichen Lebens. Die Vorstellung der Unsterblichkeit der Seele des Menschen und ihrem Weiterleben im Jenseits ist erst allmählich durch die platonische Philosophie in den semitischen Raum gedrungen und fand erst im Zuge der Aufstände gegen die Seleukiden-Herrschaft im 2. Jahrhundert vor Christus Eingang in biblische Texte. Was geschieht mit den Märtyrern dieses

Kampfes für die Sache Gottes nach ihrem Tod? Wo bleibt die Gerechtigkeit Gottes? Kann es sein, dass sie genauso wie ihre Feinde dem Versinken ins Nichts anheimgegeben sind? So kommt wiederum durch griechische Philosophie in Verbindung mit dem semitischen Ansatz der Gerechtigkeit Gottes ein neues Konzept in die alte Religion Israels. Eine Fragestellung, die sich für den Verfasser des Kohelet-Buches noch nicht gestellt hat.

Für ihn ist jedes menschliche Tun zugleich Gottes Tun, sein Tun ist vollkommen, und alles Geschehen trägt Ewigkeit in sich. Dieses ist nicht linear auf ein bestimmtes Ziel hin ausgerichtet, in dem es vollendet wird, sondern befindet sich im Kreislauf einer ewigen Wiederkehr aller Dinge, am besten ausgedrückt mit dem melancholisch klingenden, oft wiederholten Wort: »Es gibt nichts Neues unter der Sonne.« Dies ist nicht pessimistisch gemeint, sondern eine ganz und gar positive Aussage. Dieses fast allen altorientalischen Religionen gemeinsame Bild vom Rad der Wiederkehr fällt uns modernen und vom Christentum geprägten Menschen schwer zu verstehen. Es meint die Teilhabe des individuellen Seins am universellen, andauernden Sein des Kosmos. Dem Tod wird nichts von seinem Ernst genommen. Der jeweilige jetzige Augenblick bekommt unendlichen Wert, der aber nur begriffen werden kann im Vertrauen auf den unbegreiflichen Gott. Es gibt keine Flucht vor der Verantwortung im Diesseits und keine Vertröstung ins Jenseits. Das mag die Rolle dieses sperrigen Buches des Alten Testaments sein, das Teil auch der christlichen Bibel geworden ist. Kohelet ist ein Korrektiv, ein Stachel im Fleisch des sich komfortabel einrichtenden, kirchlich verfassten Christentums. Der Mensch hat keine Verfügung über seine Zukunft, er darf, ja er muss sich ins Offene des jeweils nächsten Augenblicks stellen in der Gegenwart Gottes.

KOHELET – JESUS

Es gibt einige Parallelen zu Jesus von Nazaret. Auch er war ein Wanderprediger, der den kleinen Leuten seine Lehre verkündigte. In vielen Gleichnissen hat er seine Zuhörer provoziert. Der Weinbergbesitzer aus dem Gleichnis Jesu etwa, der dem Arbeiter für eine Stunde genauso viel Lohn gibt wie dem, der die Hitze des Tages ertragen hat. Der Gott Jesu lässt wie der Gott Kohelets seine Sonne aufgehen über die Guten wie über die Bösen. Auch in der Verkündigung und im Handeln Jesu kann man nicht immer gesetzestreu sein: Jesu Gottesfurcht lässt ihn das Gottesgebot des Sabbats brechen. Natürlich gibt es auch eine Differenz zwischen beiden: Kohelet ist ein Lehrer, der Schwachstellen seiner Zeit aufdeckt und Lösungsmöglichkeiten zeigt. Seine Schüler müssen dann in einer Gesellschaft, deren Trug sie jetzt durchschauen, alleine ihren Weg suchen. Jesus deckt ähnlich wie Kohelet auf, er zeigt aber auf sich selbst und fordert seine Schülerinnen und Schüler auf, ihm nachzufolgen. Hat Kohelet noch gesagt, auch der Gerechte wisse nicht, ob er von Gott geliebt oder verschmäht werde, – wer Jesus nachfolgt, erfährt, dass er geliebt wird, auch wenn er ein Sünder ist.

KOHELETS WIRKUNG

Das Buch Kohelet als Ganzes hat kaum Wirkung entfaltet. Es gibt kein Drama mit seinem Namen und keine Oper; bildliche Darstellungen, wenn überhaupt, tragen dann den Namen des Königs Salomo, der lange Zeit als sein Verfasser galt. Aber einzelne Motive, Anspielungen und Zitate wurden in Literatur, Musik und bildender Kunst aufgegriffen.

In der Zeit nach dem Dreißigjährigen Krieg taucht verstärkt das Vanitas-Motiv auf. Vanitas, »Eitelkeit« bei Luther, oder in unserer Übersetzung »Windhauch«, verbindet sich mit dem Memento mori-Motiv: Gedenke deiner eigenen Sterblichkeit.
Eindringlich und oft drastisch wird auf die Vergänglichkeit und auf den Tod hingewiesen mit dem Ziel, die irdischen Dinge nicht zu wichtig zu nehmen. Der berühmte Barockdichter Andreas Gryphius benennt eines seiner Gedichte sogar mit dem Titel »Es ist alles eitel«. Auf Gemälden, wie den Vanitas-Stillleben, wird der Tod in düsteren Farben gemalt und anhand von Symbolen der Vergänglichkeit: Totenkopf, verwelkenden Blumen, verlöschenden Kerzen. Diese Bilder wollen aufrütteln und ermahnen, ganz im Sinn des barocken *docere et movere* (lehren und bewegen), nicht etwa niederdrücken.

Bertolt Brecht hat in seiner Dreigroschenoper das Vanitas-Motiv ironisch, ja sarkastisch gebrochen:
Ihr saht den weisen Salomo / Ihr wisst, was aus ihm wurd
Dem Mann war alles sonnenklar / Er verfluchte die Stunde seiner Geburt
Und sah, dass alles eitel war / Wie groß und weis war Salomo!

Und seht, da war es noch nicht Nacht / Da sah die Welt die Folgen schon
Die Weisheit hatte ihn so weit gebracht / Beneidenswert, wer frei davon!

Das Carpe diem-Motiv aus Koh 9,7 ff bringt der evangelische Theologe Dietrich Bonhoeffer noch einmal zu Wort in seiner posthum erschienenen Ethik (1949):
Essen und Trinken dient nicht allein der Gesunderhaltung des Körpers, sondern auch der natürlichen Freude am leiblichen Leben. Die Kleidung soll nicht nur den Körper notdürftig bedecken, sondern eine Zierde des Leibes sein … Die Geschlechtlichkeit ist nicht nur ein Mittel der Fortpflanzung, sondern trägt … ihre Freude unabhängig von dieser Zweckbestimmung in der Liebe zweier Menschen zueinander. Es geht aus dem Gesagten hervor, dass der Sinn des leiblichen Lebens niemals in seiner Zweckbestimmung aufgeht, sondern erst in der Erfüllung des ihm innewohnenden Anspruchs auf Freude erschöpft wird.

Die Unerforschlichkeit der Weisheit ist ein weiteres Motiv, das sogar vom Altmeister deutscher humoristischer Dichtung, Wilhelm Busch, in seinem Gedicht »Beruhigt« aufgenommen wurde:
Zwei mal zwei ist Wahrheit. / Schade, dass sie leicht und leer ist,
denn ich wollte lieber Klarheit / über das, was voll und schwer ist.
Emsig sucht ich aufzufinden, / was im tiefsten Grunde wurzelt.
Lief umher nach allen Winden / und bin oft dabei gepurzelt.
Endlich baut ich eine Hütte. / Still nun zwischen ihren Wänden
sitz ich in der Welten Mitte, / unbekümmert um die Enden.

Die heute leider kaum mehr gelesene Dichterin Ricarda Huch lässt in ihrem Gedicht »Salomo« aus dem Jahre 1917 den alten, lebenssatten König selbst zu Wort kommen, der weiß, dass es nichts Neues unter der Sonne geben wird:

Nichts Neues kündet mir der junge Morgen,
Und ewig lernt die Sonne nichts als Scheinen.
Der Menschen Stirne furchen gleich Sorgen,
Die Toren lachen und die Schwachen weinen.
Das Lied des Lebens könnt ich schlafend raunen,
Sein edler Schlussreim heißt: enttäuschter Glaube.
Fern möcht ich ruhn von Gottes Weltenlaunen,
Staub neben Staube.

LITERATUR

Benutzte und weiterführende Kommentare zum Buch Kohelet:

Norbert Lohfink: Kohelet, Würzburg 2009

Elisabeth Birnbaum, Ludger Schwienhorst-Schönberger: Das Buch Kohelet, Stuttgart 2012

Franz-Josef Ortkemper: Alles Windhauch. Kohelet – ein Querdenker in der Bibel, Stuttgart 2016

Entdecken, Lese- und Arbeitsbuch zur Bibel: Kohelet, Stuttgart 2005

Das Buch Kohelet

Buchtitel: 1,1

1 1 1 Worte Kohelets, des Davidsohnes, der König in Jerusalem war.

Vorspruch: 1,2–3

2 Windhauch, Windhauch, sagte Kohelet, Windhauch, Wind-
hauch, das ist alles Windhauch.
3 Welchen Vorteil hat der Mensch von all seinem Besitz, für den er
sich anstrengt unter der Sonne?

Wechsel, Dauer und Vergessen: 1,4–11

4 Eine Generation geht, eine andere kommt.
Die Erde steht in Ewigkeit.
5 Die Sonne, die aufging und wieder unterging,
atemlos jagt sie zurück an den Ort, wo sie wieder aufgeht.
6 Er weht nach Süden, dreht nach Norden, dreht, dreht,
weht, der Wind.
Weil er sich immerzu dreht, kehrt er zurück, der Wind.
7 Alle Flüsse fließen ins Meer,
das Meer wird nicht voll. Zu dem Ort, wo die Flüsse entspringen,
kehren sie zurück, um wieder zu entspringen.
8 Alle Dinge sind rastlos tätig,
kein Mensch kann alles ausdrücken, nie wird ein Auge satt,
wenn es beobachtet, nie wird ein Ohr vom Hören voll.
9 Was geschehen ist, wird wieder geschehen,
was man getan hat, wird man wieder tun:
Es gibt nichts Neues unter der Sonne.
10 Zwar gibt es bisweilen ein Ding, von dem es heißt:
Sieh dir das an, das ist etwas Neues –

aber auch das gab es schon in den Zeiten,
die vor uns gewesen sind.
11 Nur gibt es keine Erinnerung an die Früheren
und auch an die Späteren, die erst kommen werden,
auch an sie wird es keine Erinnerung geben
bei denen, die noch später kommen werden.

Die Bedingtheit des Menschen – die Undurchschaubarkeit Gottes: 1,12 – 3,15

Drei Überblicke: 1,12 – 2,2

12 Ich, Kohelet, war in Jerusalem König über Israel. 2
13 Ich hatte mir vorgenommen, das Wissen daraufhin zu untersu-
chen und zu erforschen, ob nicht alles, was unter dem Himmel
getan wurde, ein schlechtes Geschäft war, für das die einzelnen
Menschen durch Gottes Auftrag sich abgemüht haben.
14 Ich beobachtete alle Taten, die unter der Sonne getan wurden.
Das Ergebnis: Das ist alles Windhauch und Luftgespinst.
15 Was krumm ist, kann man nicht gerade biegen;
was nicht da ist, kann man nicht zählen.
16 Ich überlegte mir Folgendes: Ich habe mein Wissen immerzu
vergrößert, sodass ich jetzt darin jeden übertreffe, der vor mir über
Jerusalem geherrscht hat. Oft konnte ich Wissen und Können
beobachten.
17 So habe ich mir vorgenommen zu erkennen, was Wissen wirk-
lich ist, und zu erkennen, was Verblendung und Unwissen wirk-
lich sind. Ich erkannte, dass auch dies ein Luftgespinst ist.
18 Denn: Viel Wissen, viel Ärger,
wer das Können mehrt, der mehrt die Sorge.

2 1 Ich dachte mir: Auf, versuch es mit der Freude, genieß das
3 Glück! Das Ergebnis: Auch das ist Windhauch.
2 Über das Lachen sagte ich: Wie verblendet!,
über die Freude: Was bringt sie schon ein?

Menschliches Glück durch Weltgestaltung: 2,3–11

3 Ich trieb meine Forschung an mir selbst, indem ich meinen Leib
mit Wein lockte, während mein Verstand das Wissen auf die Wei-
de führte und indem ich das Unwissen gefangen nahm. Ich wollte
dabei beobachten, wo es vielleicht für die einzelnen Menschen
möglich ist, sich unter dem Himmel Glück zu verschaffen wäh-
rend der wenigen Tage ihres Lebens.
4 Ich vollbrachte meine großen Taten: Ich baute mir Häuser,
ich pflanzte Weinberge.
5 Ich legte mir Gärten und Parks an,
darin pflanzte ich alle Arten von Bäumen.
6 Ich legte Wasserbecken an,
um aus ihnen den sprossenden Baumbestand zu bewässern.
7 Ich kaufte Sklaven und Sklavinnen,
obwohl ich schon hausgeborene Sklaven besaß.
Auch Vieh besaß ich in großer Zahl, Rinder, Schafe, Ziegen,
mehr als alle meine Vorgänger in Jerusalem.
8 Ich hortete auch Silber und Gold
und, als meinen persönlichen Schatz, Könige und ihre Provinzen.
Ich besorgte mir Sänger und Sängerinnen
und die Lust jedes Menschen: einen großen Harem.
9 Ich war schon groß gewesen, doch ich gewann noch mehr hinzu,
sodass ich alle meine Vorgänger in Jerusalem übertraf. Und noch
mehr: Mein Wissen stand mir zur Verfügung

10 und was immer meine Augen sich wünschten, verwehrte ich ihnen nicht. Ich musste meinem Herzen keine einzige Freude versagen. Denn mein Herz konnte immer durch meinen ganzen Besitz Freude gewinnen. Und das war mein Anteil, den ich durch meinen ganzen Besitz gewinnen konnte.
11 Doch dann dachte ich nach über alle meine Taten, die meine Hände vollbracht hatten, und über den Besitz, für den ich mich bei diesem Tun angestrengt hatte. Das Ergebnis: Das ist alles Windhauch und Luftgespinst. Es gibt keinen Vorteil unter der Sonne.

Bildung und Besitz in ihrer Bedingtheit: 2,12–23

12 Ich dachte nach, indem ich beobachtete, was Wissen wirklich ist und was Verblendung und Unwissen wirklich sind. Außerdem: Was für ein Mann wird auf den König folgen, den sie einst eingesetzt haben? 4
13 Ich beobachtete: Es gibt einen Vorteil, den das Wissen bietet, aber nicht das Unwissen, wie es einen Vorteil gibt, den das Licht bietet, aber nicht die Dunkelheit:
14 Der Gebildete hat Augen im Kopf, der Ungebildete tappt im Dunkeln. Aber ich erkannte auch: Beide trifft ein und dasselbe Geschick.
15 Da dachte ich mir: Was den Ungebildeten trifft, trifft also auch mich. Warum bin ich dann über die Maßen gebildet? Und ich überlegte mir, dass auch das Windhauch ist.
16 Denn an den Gebildeten gibt es ebenso wenig wie an den Ungebildeten eine Erinnerung, die ewig währt, weil man schon in den Tagen, die bald kommen, beide vergessen wird. Wie ist es möglich, dass der Gebildete ebenso sterben muss wie der Ungebildete?

17 Da verdross mich das Leben. Denn das Tun, das unter der Sonne
getan wurde, lastete auf mir als etwas Schlimmes. Denn es ist
alles Windhauch und Luftgespinst.
18 Mich verdross auch mein ganzer Besitz, für den ich mich unter
der Sonne anstrenge und den ich dem Menschen lassen muss, der
nach mir kommt.
19 Wer weiß, ob er ein Wissender ist oder ein Unwissender? Jeden-
falls wird er über meinen ganzen Besitz verfügen, für den ich mich
unter der Sonne angestrengt und mein Wissen eingesetzt habe.
Auch das ist Windhauch.
20 Ich stellte mich um und überließ mich der Verzweiflung über
meinen ganzen Besitz, für den ich mich unter der Sonne ange-
strengt hatte.
21 Denn es kommt vor, dass ein Mensch, dessen Besitz durch Wis-
sen, Können und Erfolg erworben wurde, ihn einem andern, der
sich nicht dafür angestrengt hat, als dessen Anteil überlassen
muss. Auch das ist Windhauch und etwas Schlimmes, das häufig
vorkommt.
22 Was erhält der Mensch dann durch seinen ganzen Besitz und
durch das Gespinst seines Geistes, für die er sich unter der Sonne
anstrengt?
23 Alle Tage besteht sein Geschäft nur aus Sorge und Ärger und
selbst in der Nacht kommt sein Geist nicht zur Ruhe. Auch das ist
Windhauch.

Gottes Handeln in seiner Vollkommenheit und Undurchschaubarkeit: 2,24 – 3,15

2 24 Nicht im Menschen selbst gründet das Glück, dass er essen 5
und trinken und durch seinen Besitz das Glück selbst kennen
lernen kann. Ich habe vielmehr beobachtet, dass dies von Gottes
Verfügung abhängt.
25 Denn wer hat zu essen, wer weiß zu genießen, wenn nicht ich?
26 Aber es gibt Menschen, denen Gott wohlwill. Es sind die, denen
er Wissen, Können und Freude geschenkt hat. Und es gibt Men-
schen, deren Leben verfehlt ist. Es sind diejenigen, die er mit dem
Geschäft beauftragt hat, zu sammeln und zu horten und dann al-
les denen zu geben, denen er wohl will. Auch das ist Windhauch
und Luftgespinst.

3 1 Alles hat seine Stunde. Für jedes Geschehen unter dem Himmel
gibt es eine bestimmte Zeit:
2 eine Zeit zum Gebären und eine Zeit zum Sterben,
eine Zeit zum Pflanzen und eine Zeit zum Abernten der Pflanzen,
3 eine Zeit zum Töten und eine Zeit zum Heilen,
eine Zeit zum Niederreißen und eine Zeit zum Bauen,
4 eine Zeit zum Weinen und eine Zeit zum Lachen,
eine Zeit für die Klage und eine Zeit für den Tanz;
5 eine Zeit zum Steinewerfen und eine Zeit zum Steinesammeln,
eine Zeit zum Umarmen und eine Zeit, die Umarmung zu lösen,
6 eine Zeit zum Suchen und eine Zeit zum Verlieren,
eine Zeit zum Behalten und eine Zeit zum Wegwerfen,
7 eine Zeit zum Zerreißen und eine Zeit zum Zusammennähen,
eine Zeit zum Schweigen und eine Zeit zum Reden,
8 eine Zeit zum Lieben und eine Zeit zum Hassen,

eine Zeit für den Krieg und eine Zeit für den Frieden.
6 9 Wenn jemand etwas tut – welchen Vorteil hat er davon, dass er
sich anstrengt?
10 Ich sah mir das Geschäft an, für das jeder Mensch durch Gottes
Auftrag sich abmüht.
11 Gott hat das alles zu seiner Zeit auf vollkommene Weise getan.
Überdies hat er die Ewigkeit in alles hineingelegt, doch ohne dass
der Mensch das Tun, das Gott getan hat, von seinem Anfang bis zu
seinem Ende wieder finden könnte.
12 Ich hatte erkannt: Es gibt kein in allem Tun gründendes Glück,
es sei denn, ein jeder freut sich und so verschafft er sich Glück,
während er noch lebt,
13 wobei zugleich immer, wenn ein Mensch isst und trinkt und
durch seinen ganzen Besitz das Glück kennen lernt, das ein
Geschenk Gottes ist.
14 Jetzt erkannte ich: Alles, was Gott tut, geschieht in Ewigkeit.
Man kann nichts hinzufügen und nichts abschneiden und Gott
hat bewirkt, dass die Menschen ihn fürchten.
15 Was auch immer geschehen ist, war schon vorher da, und was
geschehen soll, ist schon geschehen und Gott wird das Verjagte
wieder suchen.

Die Übel der Welt: 3,16 – 4,16

Unrecht bei Gericht: 3,16–22

3 16 Noch etwas habe ich beobachtet unter der Sonne: An der Stät- 7
te, wo man Urteil spricht, geschieht Unrecht; an der Stätte, wo
man gerechtes Urteil sprechen sollte, geschieht Unrecht.
17 Da dachte ich mir: Gott ist es, der den Unschuldigen wie den
Schuldigen verurteilt. Denn eine bestimmte Zeit für jedes Gesche-
hen und für jedes Tun gibt es (auch) dort.
18 Was die einzelnen Menschen angeht, dachte ich mir, dass Gott
sie herausgegriffen hat und dass sie selbst (daraus) erkennen müs-
sen, dass sie eigentlich Tiere sind.
19 Denn jeder Mensch unterliegt dem Geschick und auch die Tiere
unterliegen dem Geschick. Sie haben ein und dasselbe Geschick.
Wie diese sterben, so sterben jene. Beide haben ein und denselben
Atem. Einen Vorteil des Menschen gegenüber dem Tier gibt es da
nicht. Beide sind Windhauch.
20 Beide gehen an ein und denselben Ort. Beide sind aus Staub
entstanden, beide kehren zum Staub zurück.
21 Wer weiß, ob der Atem der einzelnen Menschen wirklich nach
oben steigt, während der Atem der Tiere ins Erdreich hinabsinkt?
22 So habe ich eingesehen: Es gibt kein Glück, es sei denn, der
Mensch kann durch sein Tun Freude gewinnen. Das ist sein An-
teil. Wer könnte es ihm ermöglichen, etwas zu genießen, das erst
nach ihm sein wird?

Ausbeutung und Konkurrenzkampf: 4,1–6

8 **4** 1 Dann wieder habe ich alles beobachtet, was unter der Sonne
getan wird, um Menschen auszubeuten. Sieh, die Ausgebeuteten
weinen und niemand tröstet sie; von der Hand ihrer Ausbeuter
geht Gewalt aus und niemand tröstet sie.
2 Da preise ich immer wieder die Toten, die schon gestorben sind,
und nicht die Lebenden, die noch leben müssen.
3 Glücklicher aber als beide preise ich den, der noch nicht gewor-
den ist, der noch nicht das schlimme Tun gesehen hat, das unter
der Sonne getan wird.
4 Denn ich beobachtete: Jede Arbeit und jedes erfolgreiche Tun
bedeutet Konkurrenzkampf zwischen den Menschen. Auch das ist
Windhauch und Luftgespinst.
5 Der Ungebildete legt die Hände in den Schoß
und hat doch sein Fleisch zum Essen.
6 Besser eine Hand voll und Ruhe,
als beide Hände voll und Arbeit und Luftgespinst.

Der allein stehende Mensch: 4,7–12

9 7 Und wieder habe ich etwas unter der Sonne beobachtet, das
Windhauch ist.
8 Es kommt vor, dass jemand allein steht und niemanden bei sich
hat. Ja, er besitzt nicht einmal einen Sohn oder Bruder. Aber sein
Besitz ist ohne Grenzen und überdies kann sein Auge vom Reich-
tum nicht genug bekommen. Doch für wen strenge ich mich dann
an und warum gönne ich mir kein Glück? Auch das ist Windhauch
und ein schlechtes Geschäft.
9 Zwei sind besser als einer allein, falls sie nur reichen Ertrag aus
ihrem Besitz ziehen.

10 Denn wenn sie hinfallen, richtet einer den anderen auf.
Doch wehe dem, der allein ist, wenn er hinfällt,
ohne dass einer bei ihm ist, der ihn aufrichtet.
11 Außerdem: Wenn zwei zusammen schlafen,
wärmt einer den andern;
einer allein – wie soll er warm werden?
12 Und wenn jemand einen Einzelnen auch überwältigt,
zwei sind ihm gewachsen
und eine dreifache Schnur reißt nicht so schnell.

Wankelmütige Volksgunst: 4,13–16

13 Besser ein junger Mann, der niedriger Herkunft,
aber gebildet ist,
als ein König, der alt, aber ungebildet ist –
weil er es nicht mehr verstand, auf Ratschläge zu hören.
14 Der junge Mann wurde aus dem Gefängnis befreit und wurde König, obwohl er, während der andere schon regierte, arm zur Welt gekommen war.
15 Aber ich habe beobachtet, dass alle Lebenden, die unter der Sonne umherlaufen, sich auf die Seite des nächsten jungen Mannes stellten, der statt seiner hochkommt.
16 Die Volksmenge nimmt kein Ende, gleichgültig, wer an ihre Spitze getreten ist. Im Übrigen werden die Späteren auch mit ihm nicht zufrieden sein. Denn auch das ist Windhauch und Luftgespinst.

Ratschläge für das religiöse Verhalten: 4,17 – 5,6

Hören, Opfern und Sprechen im Gottesdienst: 4,17 – 5,2

10 4 17 Zügle deinen Schritt, wenn du zum Gotteshaus gehst.
Tritt ein, um zuzuhören,
und nicht, wie die Ungebildeten, um Opfer abzugeben.
Sie verstehen nicht einmal, Böses zu tun.

5 1 Sei nicht zu schnell mit dem Mund, ja selbst innerlich fiebere
nicht, vor Gott das Wort zu ergreifen. Gott ist im Himmel,
du bist auf der Erde, also mach wenig Worte!
2 Im Traum schließt man viele Geschäfte ab,
der Ungebildete macht viele Worte.

Gelübde: 5,3–6

3 Wenn du Gott ein Gelübde machst, dann zögere nicht,
es zu erfüllen.
Die Ungebildeten gefallen Gott nicht: Was du gelobst, erfülle!
4 Es ist besser, wenn du nichts gelobst,
als wenn du etwas gelobst und nicht erfüllst.
5 Lass nicht zu, dass dein Mund dein Fleisch in Sünde stürzt.
Erkläre nie vor dem Boten: Es war ein Versehen.
Warum soll Gott zürnen über das, was du redest,
und vernichten, was deine Hände tun?
6 Vielmehr, wo Träume sich mehren und Windhauch
und viele Worte,
da fürchte du Gott!

Über Armut und Reichtum: 5,7 – 6,10

Beamtenherrschaft: 5,7–8

7 Wenn du beobachtest, dass in der Provinz die Armen ausgebeutet 11
und Gericht und Gerechtigkeit nicht gewährt werden,
dann wundere dich nicht über solche Vorgänge:
Ein Mächtiger deckt den andern,
hinter beiden stehen noch Mächtigere
8 und es ist auf jeden Fall ein Vorteil für das Land,
wenn das bebaute Feld einem König untersteht.

Die Nutzlosigkeit des Reichtums: 5,9–11

9 Wer das Geld liebt, bekommt vom Geld nie genug;
wer den Luxus liebt, hat nie genug Einnahmen –
auch das ist Windhauch.
10 Mehrt sich das Vermögen, so mehren sich auch die,
die es verzehren.
Was für ein Erfolg bleibt dem Besitzer?
Seine Augen dürfen zusehen.
11 Süß ist der Schlaf des Arbeiters,
ob er wenig oder viel zu essen hat.
Dem Reichen raubt sein voller Bauch die Ruhe des Schlafs.

Verlust des Reichtums: 5,12–16

12 Es gibt etwas Schlimmes, etwas wie eine Krankheit, das ich 12
unter der Sonne beobachtet habe: wenn Reichtum, der für seinen
Besitzer ängstlich gehütet wurde, diesem Schlimmes brachte.
13 Durch ein schlechtes Geschäft ging ihm dieser Reichtum verlo-
ren. Er hatte einen Sohn gezeugt, aber jetzt hat er nichts mehr,
das ihm gehört.

14 Wie er aus dem Leib seiner Mutter herausgekommen ist – nackt,
wie er kam, muss er wieder gehen. Von seinem Besitz darf er überhaupt nichts forttragen, nichts, das er als ihm gehörig mitnehmen könnte.
15 So ist auch dies etwas Schlimmes, etwas wie eine Krankheit. Genau wie er kam, muss er gehen. Welchen Vorteil bringt es ihm, dass er sich anstrengt für den Wind?
16 Auch wird er während seines ganzen restlichen Lebens sein Essen im Dunkeln einnehmen; er wird sich häufig ärgern und Krankheit und Unmut werden ihn plagen.

Unverwerteter Reichtum: 5,17 – 6,2

17 Dies ist etwas, was ich eingesehen habe: Das vollkommene Glück besteht darin, dass jemand isst und trinkt und das Glück kennen lernt durch seinen eigenen Besitz, für den er sich unter der Sonne anstrengt während der wenigen Tage seines Lebens, die Gott ihm geschenkt hat. Denn das ist sein Anteil.
18 Außerdem: Immer wenn Gott einem Menschen Reichtum und Wohlstand geschenkt und ihn ermächtigt hat, davon zu essen und seinen Anteil fortzutragen und durch seinen Besitz Freude zu gewinnen, besteht das eigentliche Geschenk Gottes darin,
19 dass dieser Mensch sich nicht so oft daran erinnern muss, wie wenige Tage sein Leben zählt, weil Gott ihn sich um die Freude seines Herzens bemühen lässt.

6 1 Doch es gibt etwas Schlimmes, das ich unter der Sonne beobachtet habe; es lastet häufig auf dem Menschen:
2 Gott schenkt einem Menschen so viel Reichtum, Wohlstand und Geltung, dass ihm nichts fehlt von allem, was er sich wünschen

könnte; aber Gott ermächtigt ihn nicht, davon zu essen, sondern ein Fremder isst es auf. Das ist Windhauch und eine schlimme Krankheit.

Langes Leben und Reichtum ohne Freude: 6,3–5

3 Wenn ein Mann hundert Söhne zeugt und viele Jahre lebt, sodass seine Lebenszeit wirklich lang ist, wenn er sich selbst aber seines Vermögens doch nicht bedienen kann, um sich satt zu essen, auch wenn niemals ein Grab auf ihn warten würde – ich sage: Eine Fehlgeburt hat es besser als er.
4 Denn: Als Windhauch kam sie, ins Dunkel geht sie,
in Dunkel bleibt ihr Name gehüllt.
5 Sie hat auch die Sonne nicht gesehen und nicht gekannt.
So hat sie Ruhe, er nicht.

Langes Leben in Armut und ohne Freude: 6,6–10

6 Und wenn er zweimal tausend Jahre lebte, aber das Glück nicht kennen lernte: Gehen nicht beide zu ein und demselben Ort?
7 Alles Arbeiten des Menschen ist für den Rachen des Totenreichs, und dessen Schlund wird niemals voll.
8 Denn was hat der Gebildete dem Ungebildeten voraus, was nutzt es dem Armen, auch wenn er etwas kann, noch unter den Lebenden zu weilen?
9 Besser, etwas vor Augen zu haben als ein hungriger Rachen.
Aber auch das ist Windhauch und Luftgespinst.
10 Was auch immer jemand war, er hat vorher schon seinen Namen bekommen; es war erkannt, dass er nur ein Mensch sein wird, und er kann nicht mit dem streiten, der mächtiger als er ist.

Alte Spruchweisheiten – kritisch überprüft: 6,11 – 9,6

Einleitung: 6,11–12

13 11 Es gibt viele Worte, die nur den Windhauch vermehren. Was
nützt das dem Menschen?
12 Denn: Wer kann erkennen, was für den Menschen besser ist in
seinem Leben, während der wenigen Tage seines Lebens voll
Windhauch, die er wie ein Schatten verbringt? Und wer kann dem
Menschen verkünden, was nach ihm unter der Sonne geschehen
wird?

Zum Thema: Nachruhm: 7,1–4

7 1 Besser ein guter Name als Parfüm –
und der Tag eines Todes als der Tag einer Geburt;
2 besser der Gang in ein Haus, wo man trauert,
als der Gang in ein Haus, wo man trinkt. Weil dies das Ende jedes
Menschen ist, macht, wer noch lebt, sich Gedanken.
3 Besser sich ärgern als lachen;
denn bei einem vergrämten Gesicht wird das Herz heiter.
4 Das Herz der Gebildeten ist im Haus, wo man trauert,
das Herz der Ungebildeten im Haus, wo man sich freut.

Zum Thema: Bildung: 7,5–7

5 Besser die Mahnrede eines Gebildeten anhören
als dem Gesang der Ungebildeten lauschen;
6 denn wie das Prasseln der Dornen unter dem Kessel,
so ist das Lachen des Ungebildeten. –
Aber auch das ist Windhauch, denn:
7 Erpressung verblendet den Gebildeten
und Bestechung verdirbt den Verstand.

Zum Thema: Zurückhaltung und Hängen am Hergebrachten: 7,8–10
8 Besser der Ausgang einer Sache als ihr Anfang,
besser der Vorsichtige als der Stürmische.
9 Lass dich nicht aufregen, sodass du dich ärgerst,
denn Ärger steckt in den Ungebildeten. –
10 Doch frag nicht: Wie kommt es, dass die früheren Zeiten besser
waren als unsere? Denn deine Frage zeugt nicht von Wissen.

Zum Thema: Wissen als Mittel zu langem Leben: 7,11–18
11 Wissen ist so viel wert wie Erbbesitz, 14
es ist sogar mehr wert für die, welche die Sonne sehen;
12 denn wer sich im Schatten des Wissens birgt,
der ist auch im Schatten des Geldes;
aber das ist der Vorteil des Könnens:
Das Wissen erhält seinen Besitzer am Leben. –
13 Doch sieh ein, dass Gottes Tun noch hinzukommt.
Denn: Wer kann gerade biegen, was er gekrümmt hat?
14 Am Glückstag erfreue dich deines Glücks und am Unglückstag
sieh ein: Auch diesen hat Gott geschaffen, genau wie jenen,
sodass der Mensch von dem, was nach ihm kommt, gar nichts
herausfinden kann.
15 In meinen Tagen voll Windhauch habe ich beides beobachtet: Es
kommt vor, dass ein gesetzestreuer Mensch trotz seiner Gesetzes-
treue elend endet, und es kommt vor, dass einer, der sich nicht um
das Gesetz kümmert, trotz seines bösen Tuns ein langes Leben hat.
16 Halte dich nicht zu streng an das Gesetz und sei nicht maßlos im
Erwerb von Wissen! Warum solltest du dich selbst ruinieren?
17 Entfern dich nicht zu weit vom Gesetz und verharre nicht im
Unwissen: Warum solltest du vor der Zeit sterben?

18 Es ist am besten, wenn du an dem einen festhältst, aber auch
das andere nicht loslässt. Wer Gott fürchtet, wird sich in jedem
Fall richtig verhalten.

Zum Thema: Wissen als Schutz: 7,19–22

19 Das Wissen ist für den Gebildeten ein stärkerer Schutz als zehn
Machthaber zusammen, die in der Stadt geherrscht haben. –
20 Doch gibt es auf der Erde keinen einzigen Menschen, der so ge-
setzestreu wäre, dass er stets richtig handelt, ohne je einen Fehler
zu begehen.
21 Hör auch nicht auf all die Worte, die man so sagt. Denn niemals
wirst du einen Untergebenen über dich schimpfen hören,
22 und doch bist du dir bewusst, dass auch du sehr oft über andere
geschimpft hast.

Zum Thema: Überliefertes Wissen und Wissen aus Beobachtung: 7,23 – 8,1a

23 Auf allen Wegen habe ich es mit dem Wissen versucht. Ich habe
gesagt: Ich will lernen und dadurch gebildet werden. Aber das
Wissen blieb für mich in der Ferne.
24 Fern ist alles, was geschehen ist,
und tief, tief versunken – wer könnte es wieder finden?
25 So habe ich, genauer: mein Verstand, mich umgestellt. Ich
wollte forschend und suchend erkennen, was dasjenige Wissen
wirklich ist, das Einzelbeobachtungen zusammenrechnet. Ferner
wollte ich erkennen, ob Gesetzesübertretung mit mangelnder Bil-
dung und Unwissen mit Verblendung zusammenhängt.

26 Immer wieder finde ich die Ansicht, stärker als der Tod sei die
Frau. Denn: Sie ist ein Ring von Belagerungstürmen
und ihr Herz ist ein Fangnetz, Fesseln sind ihre Arme.
Wem Gott wohlwill, der kann sich vor ihr retten,
wessen Leben verfehlt ist, wird von ihr eingefangen.
27 Aber sieh dir an, was ich, Beobachtung um Beobachtung, her-
ausgefunden habe, sagte Kohelet, bis ich schließlich das Rechen-
ergebnis fand,
28 oder vielmehr: wie ich immer wieder suchte und nichts fand:
Von tausend Menschen habe ich nur einen wieder gefunden,
aber der, den ich von ihnen allen wieder gefunden habe,
war keine Frau.
29 Sieh dir an, was ich als Einziges herausgefunden habe:
Gott hat die Menschen rechtschaffen gemacht,
aber sie haben sich in allen möglichen Berechnungen versucht.

8 1 Wer ist hier gebildet? Wer versteht es, ein Wort zu deuten? 15

Zum Thema: Gebildete und König: 8,1b–4
Das Wissen eines Menschen macht seine Miene strahlend
und seine strengen Züge lösen sich. -
2 Ich (dagegen sage): Achte auf die Befehle des Königs,
und zwar im Hinblick auf den vor Gott geleisteten Eid.
3 Entferne dich nicht hastig aus seiner Gegenwart und versteife
dich nicht auf eine Sache, wenn sie schlimm auszugehen droht.
Denn alles, wozu er sich entscheidet, setzt er auch durch.
4 Hinter dem Wort des Königs steht nun einmal die Macht.
Wer also kann ihm sagen: Was tust du?

Zum Thema: Schicksal des gebildeten Gesetzestreuen und des ungebildeten Gesetzesübertreters: 8,5–12a

5 Wer auf das Gebot achtet, den trifft nichts Schlimmes,
der Verstand des Gebildeten weiß die rechte Zeit. –
6 Allerdings: Es gibt die rechte Zeit für jedes Geschehen und:
Schlimmes Geschick lastet häufig auf dem Menschen und:
7 Er weiß nicht, was geschehen wird.
Wie es geschehen wird – wer verkündet es ihm?
8 Es gibt keinen Menschen, der Macht hat über den Wind,
sodass er den Wind einschließen könnte.
Es gibt keine Macht über den Sterbetag.
Es gibt im Krieg keinen Urlaub.
Selbst ein Gesetzesbruch kann die Gesetzesbrecher nicht retten.
16 9 All dies habe ich beobachtet, als ich mich zu einer Zeit, wo ein
Mensch seine Macht über den andern Menschen dazu benutzte,
diesem zu schaden, mit jedem Tun beschäftigte, das unter der
Sonne getan wurde.
10 Dabei habe ich beobachtet, wie Menschen, die das Gesetz über-
treten hatten, ein Begräbnis erhielten, während andere, die recht
getan hatten, ankamen und vom Ort des Heiligtums wieder weg-
gehen und bald in der Stadt vergessen sein werden. Auch das ist
Windhauch.
11 Denn: Wo keine Strafe verhängt wird,
ist die Bosheit schnell am Werk.
Deshalb wächst im Herzen der Menschen die Lust, Böses zu tun.
12 Denn: Ein Sünder kann hundertmal Böses tun
und dennoch lange leben.

Weiterführung: 8,12b–15

13 Freilich kenne ich das Wort: Denen, die Gott fürchten, wird es
gut gehen,
weil sie sich vor ihm fürchten;
dem, der das Gesetz übertritt, wird es nicht gut gehen
und er wird kein langes Leben haben, gleich dem Schatten,
weil er sich nicht vor Gott fürchtet.
14 Doch es gibt etwas, das auf der Erde getan wurde und Wind-
hauch ist: Es gibt gesetzestreue Menschen, denen es so ergeht,
als hätten sie wie Gesetzesbrecher gehandelt; und es gibt Gesetzes-
brecher, denen es so ergeht, als hätten sie wie Gesetzestreue ge-
handelt. Ich schloss daraus, dass auch dies Windhauch ist.
15 Da pries ich die Freude; denn es gibt für den Menschen kein
Glück unter der Sonne, es sei denn, er isst und trinkt und freut
sich. Das soll ihn begleiten bei seiner Arbeit während der Lebens-
tage, die Gott ihm unter der Sonne geschenkt hat.

Zum Thema: Grenzen der Erkenntnis: 8,16 – 9,6

16 17 Als ich mir vorgenommen hatte zu erkennen, was Wissen 17
wirklich ist, und zu beobachten, welches Geschäft eigentlich auf
der Erde getätigt wird, da sah ich ein, dass der Mensch, selbst
wenn er seinen Augen bei Tag und Nacht keinen Schlaf gönnt, das
Tun Gottes in seiner Ganzheit nicht wieder finden kann, das Tun,
das unter der Sonne getan wurde. Deshalb strengt der Mensch, da-
nach suchend, sich an und findet es doch nicht wieder. Selbst
wenn der Gebildete behauptet, er erkenne – er kann es doch nicht
wieder finden.

9 1 Denn ich habe über dies alles nachgedacht und dies alles über-
prüft, wobei sich ergab: Die Gesetzestreuen und Gebildeten mit
ihrem Tun stehen unter Gottes Verfügung. Der Mensch erkennt
nicht, ob er geliebt ist oder ob er verschmäht ist. So liegt auch bei
ihnen beides offen vor ihnen.
2 Beides – wie bei allen Menschen. Aber ein und dasselbe Geschick
trifft den Gesetzestreuen und den Gesetzesbrecher, den Guten,
den Reinen und den Unreinen, den Opfernden und den, der nicht
opfert. Dem Guten ergeht es wie dem Sünder, dem Schwörenden
ebenso wie dem, der den Schwur scheut.
3 Das ist das Schlimme an allem, was unter der Sonne getan wur-
de, dass alle dann ein und dasselbe Geschick trifft und dass in den
Menschen überdies die Lust zum Bösen wächst und Verblendung
ihren Geist erfasst, während sie leben, und danach, wenn sie zu
den Toten müssen
4 ja, wer würde da ausgenommen? Für jeden Lebenden gibt es
noch Zuversicht. Denn: Ein lebender Hund ist besser als ein toter
Löwe.
5 Und: Die Lebenden erkennen, dass sie sterben werden; die Toten
aber erkennen überhaupt nichts mehr. Sie erhalten auch keine Be-
lohnung mehr; denn die Erinnerung an sie ist in Vergessenheit
versunken.
6 Liebe, Hass und Eifersucht gegen sie, all dies ist längst erlo-
schen. Auf ewig haben sie keinen Anteil mehr an allem, was unter
der Sonne getan wurde.

Ratschläge Kohelets: 9,7 – 12,8

Freude und kraftvolles Handeln: 9,7–10

7 Also: Iss freudig dein Brot und trink vergnügt deinen Wein; denn
das, was du tust, hat Gott längst so festgelegt, wie es ihm gefiel.
8 Trag jederzeit frische Kleider und nie fehle duftendes Öl auf
deinem Haupt.
9 Mit einer Frau, die du liebst, genieß das Leben alle Tage deines
Lebens voll Windhauch, die er dir unter der Sonne geschenkt hat,
alle deine Tage voll Windhauch. Denn das ist dein Anteil am Leben
und an dem Besitz, für den du dich unter der Sonne anstrengst.
10 Alles, was deine Hand, solange du Kraft hast, zu tun vorfindet,
das tu! Denn es gibt weder Tun noch Rechnen noch Können noch
Wissen in der Unterwelt, zu der du unterwegs bist.

Zufall und Zeit: 9,11–12

11 Wiederum habe ich unter der Sonne beobachtet: Nicht den 18
Schnellen gehört im Wettlauf der Sieg, nicht den Tapferen der Sieg
im Kampf,
auch nicht den Gebildeten die Nahrung, auch nicht den Klugen
der Reichtum,
auch nicht den Könnern der Beifall, sondern jeden treffen Zufall
und Zeit.
12 Außerdem: Der Mensch kennt seine Zeit nicht.
Wie Fische, die ins Unglücksnetz geraten sind, wie Vögel, die ins
Klappnetz geraten sind,
ebenso verfangen sich die einzelnen Menschen in ihre Unglücks-
zeit, wenn sie plötzlich über sie herabfällt.

Wissen und Macht: 9,13–18

13 Auch Folgendes habe ich unter der Sonne beobachtet,
ein Beispiel von Wissen, das ich für bedeutsam hielt:
14 Es war eine kleine Stadt. Die hatte nur wenige Einwohner.
Ein mächtiger König zog gegen sie aus. Er schloss sie ein
und baute gegen sie hohe Belagerungstürme.
15 In der Stadt fand sich ein armer, aber gebildeter Mann.
Der rettete die Stadt durch sein Wissen. Später aber erinnerte
sich kein Mensch mehr an diesen armen Mann.
16 Da sagte ich: Wissen ist besser als Macht,
aber das Wissen des Armen gilt nichts
und niemand will seine Worte hören.
17 Bedächtige Worte von Gebildeten hört man sich lieber an
als das Geschrei des Herrschers der Ungebildeten
18 und Wissen ist besser als Waffen –
aber ein Einziger, der falsch entscheidet,
kann viele Werte zerstören.

Dummheit: 10,1–3

19 **10** 1 Sterbende Fliegen – da stinkt und gärt sogar das (duftende) Öl
für die Schönheitspflege;
schwerer als Wissen und Geltung wiegt eine kleine Dummheit.
2 Der Verstand des Gebildeten wählt den rechten Weg,
der Verstand des Ungebildeten den linken;
3 doch der Dumme – welchen Weg er auch einschlägt,
ihm fehlt der Verstand,
obwohl er von jedem andern gesagt hat: Er ist dumm.

Gelassenheit: 10,4

4 Wenn der Herrscher gegen dich in Zorn gerät, bewahre die Ruhe;
denn Gelassenheit bewahrt vor großen Fehlern.

Ungerechte Behandlung bei Hof: 10,5–7

5 Es gibt etwas Schlimmes, das ich unter der Sonne beobachtet
habe – solch ein Versehen, wie es vom Machthaber zu kommen
pflegt:
6 Die Dummheit wurde auf höchste Posten gestellt
und Reiche müssen unten sitzen.
7 Ich habe Sklaven hoch zu Pferd gesehen
und Fürsten, die wie Sklaven zu Fuß gehen mussten.

Lauernde Gefahren: 10,8–9

8 Wer eine Grube gräbt, kann hineinfallen,
wer eine Mauer einreißt, den kann die Schlange beißen,
9 wer Steine bricht, kann sich dabei verletzen,
wer Holz spaltet, bringt sich dadurch in Gefahr.

Anwendung des Wissens: 10,10–11

10 Wenn die Axt stumpf geworden ist 20
und ihr Benutzer hat sie nicht vorher geschliffen,
dann braucht er mehr Kraft –
Wissen hätte ihm den Vorteil gebracht,
dass er sein Werkzeug vorbereitet hätte.
11 Der Schlangenbeschwörer hat keinen Vorteil,
wenn die Schlange beißt, bevor er sie beschworen hat.

Der Ungebildete: 10,12–15

12 Worte aus dem Mund des Gebildeten finden Beifall,
jedes Wort von den Lippen des Ungebildeten bringt ihn selbst in Verwirrung.
13 Wenn er redet, steht Dummheit am Anfang,
am Ende schlimme Verblendung.
14 Und der Dumme redet endlos. Dabei kann doch der Mensch nicht erkennen, was geschehen wird. Und was nach ihm geschieht – wer verkündet es ihm?
15 Die Arbeit erschöpft die Ungebildeten: Keiner hat es verstanden, in die Stadt zu ziehen.

Königshof und Schicksal des Volks: 10,16–17

16 Weh dir, Land, dessen König ein Knabe ist
und dessen Fürsten schon früh am Morgen tafeln.
17 Wohl dir, Land, dessen König von edlem Geschlecht ist
und dessen Fürsten zur richtigen Zeit tafeln, beherrscht und nicht wie Zecher.

Faulheit: 10,18

18 Ist einer träge, so senkt sich das Gebälk,
lässt er die Hände sinken, so dringt der Regen ins Haus.

Geld: 10,19

19 Man schlemmt und will dabei lachen,
der Wein erfreut die Lebenden, das Geld macht alles möglich.

Vom Reden über Mächtige: 10,20

20 Nicht einmal in Gedanken schimpf auf den König,
nicht einmal im Schlafzimmer schimpf auf einen Reichen;
denn die Vögel des Himmels können dein Wort verbreiten,
alles, was Flügel hat, könnte die Nachricht weitermelden.

11 1 Leg dein Brot auf die Wasserfläche, 21
denn noch nach vielen Tagen wirst du es wieder finden -
2 verteil dein Kapital auf sieben oder gar auf acht;
denn du weißt nicht, welches Unglück über das Land kommt.
3 Wenn die Wolken sich mit Regen füllen,
schütten sie ihn auch über das Land aus;
wenn ein Baum nach Süden oder Norden fällt –
wohin der Baum auch fällt, da bleibt er liegen.

Tatkräftiges Handeln: 11,4–8

4 Wer ständig nach dem Wind schaut, kommt nicht zum Säen,
wer ständig die Wolken beobachtet, kommt nicht zum Ernten.
5 Wie du den Weg des Windes ebenso wenig wie das Werden des
Kindes im Leib der Schwangeren erkennen kannst, so kannst du
auch das Tun Gottes nicht erkennen, der alles tut.
6 Am Morgen beginne zu säen, auch gegen Abend lass deine Hand
noch nicht ruhen; denn du kannst nicht im Voraus erkennen, was
Erfolg haben wird, das eine oder das andere, oder ob sogar beide
zugleich zu guten Ergebnissen führen.
7 Dann wird das Licht süß sein
und den Augen wird es wohl tun, die Sonne zu sehen.
8 Denn selbst wenn ein Mensch viele Jahre zu leben hat,

freue er sich in dieser ganzen Zeit
und er denke zugleich an die dunklen Tage:
Auch sie werden viele sein.
Alles, was kommt, ist Windhauch.

Freude in der Jugend im Blick auf Alter und Tod: 11,9 – 12,7

22 9 Freu dich, junger Mann, in deiner Jugend,
sei heiteren Herzens in deinen frühen Jahren!
Geh auf den Wegen, die dein Herz dir sagt,
zu dem, was deine Augen vor sich sehen.
[Aber sei dir bewusst, dass Gott dich für all das vor Gericht ziehen wird.]
10 Halte deinen Sinn von Ärger frei und
schütz deinen Leib vor Krankheit;
denn die Jugend und das dunkle Haar sind Windhauch.

12 1 Denk an deinen Schöpfer in deinen frühen Jahren,
ehe die Tage der Krankheit kommen und die Jahre dich erreichen,
von denen du sagen wirst: Ich mag sie nicht!,
2 ehe Sonne und Licht und Mond und Sterne erlöschen
und auch nach dem Regen wieder Wolken aufziehen:
3 am Tag, da die Wächter des Hauses zittern,
die starken Männer sich krümmen,
die Müllerinnen ihre Arbeit einstellen, weil sie zu wenige sind,
es dunkel wird bei den Frauen, die aus den Fenstern blicken,
4 und das Tor zur Straße verschlossen wird;
wenn das Geräusch der Mühle verstummt,
steht man auf beim Zwitschern der Vögel,
doch die Töne des Lieds verklingen;

5 selbst vor der Anhöhe fürchtet man sich
und vor den Schrecken am Weg; der Mandelbaum blüht,
die Heuschrecke schleppt sich dahin,
die Frucht der Kaper platzt,
doch ein Mensch geht zu seinem ewigen Haus
und die Klagenden ziehen durch die Straßen –
6 ja, ehe die silberne Schnur zerreißt, die goldene Schale bricht,
der Krug an der Quelle zerschmettert wird,
das Rad zerbrochen in die Grube fällt,
7 der Staub auf die Erde zurückfällt als das, was er war,
und der Atem zu Gott zurückkehrt, der ihn gegeben hat.

Rahmenvers: 12,8

8 Windhauch, Windhauch, sagte Kohelet, das ist alles Wind-
hauch.

Zwei Nachworte von Herausgebern: 12,9–14

Das erste Nachwort: 12,9–11

9 Kohelet war ein Gelehrter. Außerdem hat er einfachen Leuten 23
Kenntnisse beigebracht. Er hörte zu und prüfte, er hat viele Sprich-
wörter selbst in Form gebracht.
10 Kohelet hat sich bemüht, gut formulierte Worte zu entdecken,
und hier sind diese wahren Worte sorgfältig aufgeschrieben.
11 Worte von Gelehrten sind wie Ochsenstecken,
Sprüche aus Sammlungen aber sitzen wie eingetriebene Nägel –
sie sind die Gabe eines einzigen Hirten.

Das zweite Nachwort: 12,12–14

24 12 Im Übrigen, mein Sohn, lass dich warnen! Es nimmt kein Ende
mit dem vielen Bücherschreiben und viel Studieren ermüdet den
Leib.
13 Hast du alles gehört, so lautet der Schluss: Fürchte Gott und
achte auf seine Gebote! Das allein hat jeder Mensch nötig.
14 Denn Gott wird jedes Tun vor das Gericht bringen,
das über alles Verborgene urteilt, es sei gut oder böse.

DIE AUDIO-CD »ALLES IST WINDHAUCH«

Track	Titel
1	Worte Kohelets / Vorspruch (4:09)
2	Drei Überblicke (1:19)
3	Menschliches Glück (3:07)
4	Bildung und Besitz (2:40)
5	Gottes Handeln / Alles hat seine Stunde (2:45)
6	Wenn jemand etwas tut (2:04)
7	Unrecht bei Gericht (1:59)
8	Ausbeutung und Konkurrenzkampf (1:56)
9	Der alleinstehende Mensch (1:58)
10	Ratschläge für das religiöse Verhalten (2:12)
11	Beamtenherrschaft (2:58)
12	Verlust des Reichtums (1:56)
13	Alte Spruchweisheiten - kritisch überprüft (2:34)
14	Wissen als Mittel zu langem Leben (4:03)
15	Gebildete und König (2:29)
16	Schicksal des gebildeten Gesetzestreuen (1:56)
17	Grenzen der Erkenntnis (3:45)
18	Zufall und Zeit, Wissen und Macht (1:45)
19	Dummheit (2:12)
20	Anwendung des Wissens (2:43)
21	Leg dein Brot auf die Wasserfläche (1:38)
22	Freude in der Jugend (3:53)
23	Zwei Nachworte (0:59)
24	Kohelets Carpet (4:43)

Die Ziffern der Stücke 1 bis 24 sind neben dem zugehörigen Kohelet-Text im Buch (Seite 74–102) angegeben.

© Christian Schoppe

ULRIKE KRIENER

Ulrike Kriener wurde an Heiligabend 1954 geboren. Der glücklichen und sehr behüteten Kindheit im Ruhrgebiet folgte eine unruhige und für alle Beteiligten äußerst anstrengende Pubertät. Mit gerade mal 17 Jahren brach sie nach Hamburg auf, aufsässig, gutgläubig und wild entschlossen, das Glück zu finden.
Sie fand es in einem Beruf, der ihr bis heute erlaubt zu fragen, zu wachsen und zu experimentieren.
»Die Arbeit als Schauspielerin hat mich zu vorurteilsfreier Neugierde erzogen und mir bewusst gemacht, dass mein Lebensmotor die Freude an der Begegnung ist.«
Nach dem Tod ihres erstgeborenen Kindes übernahm sie die Schirmherrschaft für das ambulante Kinderhospiz der Malteser. Außerdem unterstützt sie den Verein »COSTURA«, der brasilianischen Frauen Nähkurse anbietet, damit sie den Lebensunterhalt für sich und ihre Kinder verdienen können.
Ulrike Kriener lebt mit ihrem Mann Georg Weber in München. Das Paar hat einen Sohn, Paul.

www.ulrikekriener.de

© Quadro Nuevo

QUADRO NUEVO

Quadro Nuevo, das berühmte Weltmusik-Quartett, das sind: Evelyn Huber, Harfe; Mulo Francel, Klarinetten; Andreas Hinterseher, Akkordeon; D. D. Lowka, Kontrabass, Percussion.
Quadro Nuevo tourt seit 1996 durch die Länder der Welt und gab über 3000 Konzerte. Die CDs von Quadro Nuevo erhielten zahlreiche Preise, u. a. den Deutschen Jazz Award, und kletterten in die Top Ten der Jazz- und Weltmusik-Charts. Ihr Album »Mocca Flor« erhielt 2018 eine »Goldene Schallplatte«.
www.quadronuevo.de

© Fadi Gwanny

BASEM DARWISCH

Basem Darwisch gilt als »Botschafter der ägyptischen Musik in Deutschland« und ganz Europa. Er ist für seinen eigenen Oud-Stil bekannt, der Jazz-Harmonien, Arabo Nubian Melodien und traditionelle Rhythmen mit subtiler Improvisation einschließt. Er arbeitet als Musikproduzent und Musikberater für Fernsehen, Filme und Theater.
www.cairosteps.de

Die Musik für die Audio-CD »Alles ist Windhauch« mit Ulrike Kriener haben Quadro Nuevo und der Gastmusiker Basem Darwisch exklusiv komponiert und eingespielt.

© Lars Syring

SABINE BOBERT

Dr. Sabine Bobert ist Professorin für Praktische Theologie an der Christian-Albrechts-Universität zu Kiel. Ihre Schwerpunkte sind Mystik und postmoderne Spiritualität.
Sie hat in der DDR Evangelische Theologie studiert und war später zu einem Studienaufenthalt in den USA. Ihre Dissertation hat sie über den im Nationalsozialismus widerständigen lutherischen Theologen Dietrich Bonhoeffer verfasst und sich mit einer Arbeit über Evangelische Spiritualität und Psychoanalyse habilitiert.
Als eine moderne Mystikerin geht sie weitgehend barfuß durchs Leben, lässt sich gern auf außergewöhnliche Erfahrungen ein und berät Menschen auf der Suche nach dem wirklich Wichtigen.

www.mystik-und-coaching.de
Youtube: Mystik und Coaching Prof. Dr. Sabine Bobert

© Hoffotografen

ANSELM BILGRI

Mit 22 Jahren trat Anselm Bilgri in den Benediktinerorden ein, studierte Philosophie und Theologie in München, Rom und Passau, wurde 1980 zum Priester geweiht und arbeitete in der Pfarrseelsorge. Lange Jahre war er Cellerar (Wirtschaftsleiter) der Abtei St. Bonifaz in München und des Klosters Andechs in Oberbayern. Vor dem Hintergrund der Regel des hl. Benedikt, mit der der Ordensgründer bereits vor 1500 Jahren die Grundordnung der ersten Wirtschaftsbetriebe des mittelalterlichen Europas gelegt hat, hat Anselm Bilgri das Kloster Andechs zu einem auch ökonomisch erfolgreichen spirituellen Zentrum geformt.
Nachdem er 2004 den Orden verlassen hatte, gründete er das Anselm Bilgri Zentrum für Unternehmenskultur.
Heute ist er als Dozent, Vortragender, Coach und Mediator tätig.
Er ist Autor zahlreicher Bücher.
Das Themenspektrum des »Gratwanderers zwischen Kirche und Welt« reicht von der Werteorientierung zu aktuellen Fragestellungen in Wirtschaft und Gesellschaft sowie der richtigen Balance von Leben und Arbeiten.

https://anselm-bilgri.de
https://www.akademie-der-musse.de

© Denis Pernath, in Lizenz der BRmedia Service GmbH

CORNELIA ZETZSCHE

Cornelia Zetzsche wurde in Leipzig geboren, hat in Tübingen Germanistik, Geschichte und Politik studiert, hat Stippvisiten unternommen bei Europa-Organisationen, erlebte Auslandsaufenthalte in Kanada, Indien, Argentinien und ist inzwischen in München zu Hause. Lange Zeit war sie Mitarbeiterin der Universität, bei Print, Fernsehen und Radio.

Sie ist als Jurorin tätig beim Deutschen Buchpreis, dem Jean-Paul-Preis und in anderen Jurys. Außerdem kuratiert sie Literatur-Festivals, ist Autorin und Herausgeberin von Hörbüchern.

Vor allem ist Cornelia Zetzsche Radiomacherin aus Leidenschaft. Als Literaturredakteurin des Bayerischen Rundfunks, Kritikerin und Moderatorin von Lesungen, wie »radioTexte – Das offene Buch« und »Diwan«, dem Büchermagazin auf Bayern 2, hat sie immer das Ziel, Lust aufs Lesen und Hören zu machen, Orientierungshilfe zu geben und die Welt ins Radio zu holen.

Bei der Produktion der Audio-CD »Alles ist Windhauch« mit Ulrike Kriener, Quadro Nuevo und Basem Darwisch führte sie Regie.